KB189101

韩国的佛教

韩国的佛教

目次

体验！
韩国佛教

-
燃灯节
-
寺院寄宿体验
-
韩国佛教的传法与社会弘化

燃灯节

　　不论古今外中，世界各国民族都有属于自己民族的节庆。节庆能从人类原始时代遗存至今，除具有人类普遍性的共同点以外，另一方面也是因为最能表现民族文化的特性和象征的缘故。燃灯节是最能代表韩国的节庆，可以说是韩国历史最悠久的节庆之一，也是目前韩国所举行的节庆当中，参加人数最多，最生动活泼的节庆。

　　以在韩国首都首尔市举行的燃灯节来说，直接参加的人数高达三万多人左右，这样的规模大概在全世界的节庆中也算是罕见的。

　　除首尔市以外，虽然规模比不上首尔盛大，但在釜山、大邱、光州、大田、仁川等韩国主要的城市也同时举行，这也可说是燃灯节的特色。

　　举行燃灯节那天，首尔的钟路街道挤满了数十万观览的群众，其中也包括为数不少的外国人。

©白昌浩

韩国人为什么举行燃灯节呢？

燃灯节的举行，与节庆的日期有密切关系，节庆日就是每年农历四月八日之前的星期日。农历四月八日是释迦牟尼佛在印度蓝毗尼园降生的日子，燃灯节正是为了庆祝迎接佛陀降生的节庆。

燃灯节始于何时，无法确知，但应该是从佛教传入韩国以后开始的。文献上最早有关燃灯节的记载，是在佛教传来后约经过五百年，公元866年的新罗景文王时期（《三国史纪》卷11，新罗本纪，景文王六年）。

新罗之后，高丽时期燃灯节统合各宗教派别，一跃成为国家的宗教仪式，在历史上发展成规模宏伟且又华丽的节庆。继高丽之后的朝鲜王朝，国家不再主导，燃灯节与其说是沦为民俗活动，不如说是更遍及民间，深入大众生活，甚至国家下令禁止，也无法抵挡民众参与，而将此节庆传承至今。

燃灯节是为了庆祝释迦牟尼佛降生举办的节庆。但是，燃灯节仅是属佛教的节庆吗？当然不是。古代所有民族或国家普遍都有崇拜火（光明）的信仰，朝鲜半岛也不例外。

佛教传来以后，与原始的拜火信仰融合，使这样的节庆，即使已历经一千两百多年的岁月，还维持着原貌。依文献纪录，我们可以想像高丽时代的燃灯节，不但佛寺悬灯，在宫廷或民宅也都悬挂灯笼，同时

还有类似西方马戏团的杂技、歌舞、百戏等各种民艺表演。朝鲜时代，家家户户依家中孩子人数悬灯，制作的灯笼形状，不是佛像或是护法神将，而是许多日常生活中所见，人们熟悉的北斗七星、凤凰、鹤、鲤鱼、龟、西瓜、香瓜等题材，可以说燃灯节已超越了宗教的领域，普遍成为所有民众热情参与及抒发民族情感的传统节庆。

燃灯节作为韩国历史最悠久，也是最具有传统性的节庆，今天不仅是韩国人的节庆，也逐渐发展成为与世界一起同乐共享的节庆。

在举行燃灯节的首尔钟路街道和曹溪寺前面，挤满了从世界各地前来观赏的外国游客。不仅是游客，也有来自泰国、缅甸、尼泊尔、西藏、新加坡、孟加拉、蒙古、柬埔寨、斯里兰卡、台湾、印度等地的佛教代表团参加，他们介绍自己国家的传统佛教文化。透过这个极为难得的机会，燃灯节提供了可同时体验亚洲地区佛教文化的平台。

距今约2641年前，释迦牟尼佛降生，给人们带来慈悲和和平。燃灯节是个可以五官感受佛陀教法的节庆。如印度诗圣泰戈尔所说的"东方的灯火"，燃灯节是可以尽情体验韩国传统文化的地方，也是能够将亚洲地区佛教文化共聚一堂的盛宴。

妙觉寺
（首尔市）

寺院寄宿体验

　　佛寺是浓缩佛教文化精髓所形成的综合空间，也是施行神圣的宗教仪式与修行活动的特别空间。因此，除了出家人或是三宝弟子以外，对一般人来说，是一个不容易了解和亲近的地方。寺院寄宿体验的施行，便是开放给一般大众，甚至是其他宗教信仰的人，能够更容易地认识亲近佛教文化。

　　开办寺院寄宿体验，最初虽是为了满足一般人对佛寺文化的好奇心，但也特别评估社会因素的变化，如近来韩国社会养生文化的风行，五天工作制实行后，因应休闲生活，各种体验型休闲文化的需求，以及对生态环境的高度关注等等，寺院寄宿体验便是以此搭起和社会连结的桥梁。

寺院寄宿体验的初试啼声，是在2002年韩日国际足联世界杯前夕，当时为给来韩访问的游客提供具有韩国传统文化特色的住宿空间，施行了活用佛寺空间的策略，使得寺院寄宿成为代表韩国佛教的文创产业商品。从2002年开始，近十五年期间掀起五十多万人参与的热潮。从刚开始只有33个寺院办理，到现在已达120多个，可说是非常受到欢迎的。

寺院寄宿体验最大的魅力是什么？

首先，能亲自体验一般人平时不容易接触到的早课、佛寺过堂（韩称：钵盂供养）、清晨山林散步等佛寺的日常作息。

其次，虽仅有短暂的体验时间，但针对现代人生活在物质丰富，

妙觉寺（首尔市）

却感受不到真正幸福的遗憾，提供深入精神层面的省察机会，进而觉悟幸福的根源，是来自于认识自己的本心。

最后，是来自社会对生态环境的高度关注，因大部分佛寺位于深山幽谷，地理环境上的特殊性，也是寺院寄宿体验吸引人的魅力所在。

寺院寄宿体验如何进行呢？

参加者下午抵达以后，首先换上寺方提供的修行服。之后开始学习佛教的过堂礼仪，从钵盂供养中感受到节约与谦虚的美德。经过约四至五个小时就寝，第二天凌晨起来，和出家人一起做早课。早课结束后是一百零八拜，象征解脱人间一百零八个烦恼。

接着在法师指导之下，学习韩国传统的禅修打坐。透过冥想，内省自己过去未曾发现的真面目。

之后可和法师在山林中散步，或与法师喝茶对谈，诉说心里话。特别是通过法师的谈话，可以品味韩国传统看话禅修行的境界。看话禅是捐弃成见，给予脑力激荡，能够快速达到觉悟的韩国佛教传统修行法。

如果参加寺院寄宿体验，就可以体验到诸如以上的各种活动。

　　但寺院寄宿体验的活动内容，不仅仅只有这些。各佛寺还推出具有该寺院特色的课程。例如类似跆拳道，但只有在佛寺内传承，僧人锻炼身体的禅武道、或体验传统经书的雕刻印刷、或天然植物染色、野生花观察，以及烹调佛寺斋菜等，都是可以认识韩国传统佛教文化的各种体验课程。

　　今日韩国的寺院寄宿体验，已经超越了佛教的宗教领域，成为最受欢迎的文化体验活动。不只是高度受到韩国人的欢迎，外国人也非常踊跃参加。每年约有三万名左右的各国人士亲身体验。其中，包括留学生、驻韩外交使节、各国传媒舆论机构等，借由这些人的发布宣传，参与者接踵而至，使得寺院寄宿体验成为代表韩国的世界性体验活动。

韩国佛教的传法与社会弘化

　　佛教的弘法活动，始于两千六百多年前于印度佛陀在世时所嘱咐的传道法言。佛陀告诉所有的修行者，应为众生利益，弘宣正法，使其各得利樂之身。依照佛陀的指示，僧团、出家僧伽、在家弟子开始组织弘法团体。延续至今，弘扬佛法的组织普及全世界各地，活跃地展开各种佛教弘法活动。

佛陀涅槃以后约经过一百年，印度阿育王在位时，派遣九个传教团对外宣扬佛法，传教足迹从斯里兰卡远及希腊，将佛教传播至世界各国。其中有一支是经由丝路，来到中国，然后再传入朝鲜半岛。佛教传入朝鲜半岛以来，历经一千七百多年悠久的历史和传统，在发展的过程中形成非常具有特色且丰富多彩的佛教文化。因有这样的特性，在弘法时也呈现了各种不同的型态。这从大韩佛教曹溪宗、韩国佛教太古宗、大韩佛教天台宗、大韩佛教真觉宗等各种不同宗团的形成，可见一斑。

韩国佛教由大韩佛教曹溪宗等将近三十个宗团组成宗团协议会，隶属宗团协议会的所有宗团，管辖的佛寺总共约超过一万处左右。所有宗团的法师人数约有两万五千名左右。以韩国佛教界最重要的宗团—曹溪宗来说，截至2008年底，所拥有的佛寺有2501处，出家人数有一万三千八百多名法师。其中比丘、沙弥约占52.9%，比丘尼、沙弥尼占47.1%的比例。

韩国佛教的弘法活动，一般是透过佛寺的法会和大众信行生活施行。主要是以每月农历初一举行的法会为主，加上其他各种的斋会节日。最近还有每周举行的周日法会，导入符合现代人生活型态的法会。

除了平常定期的法会外，每年都会在佛诞节、成道日、出家日、涅槃日举行特别法会。同时为了传承发展韩国传统文化，佛教节庆也结合数千年以来流传下来的各种节气。如从每年农历一月立春开始举行的新春法会，七月初十五举行的百中，到冬至的各种祈求平安的活动。在佛教传来以前，节令风俗已经存在，佛教加以融摄应用，赋予宗教教义，使其成为大众信行生活和习俗活动的一部分。

韩国佛教的传统可说是以观音信仰为中心形成的。观音信仰如《般若波罗蜜多心经》中的观自在，或是源于大乘佛教菩萨思想的观世音菩萨信仰。大乘佛教以佛陀的正法为基础，向大众传播各种福报与智慧，另一方面观世音菩萨与所有众生相闻相见，救助世间苦难，是佛陀的化身。韩国的观音信仰和《千手经》结合，深植在大众佛教的底层，所以在佛寺早课结束以后，往往接着读诵《千手经》，成为精进观世音菩萨信行的法门。

在这样的思想基础上，大韩佛教曹溪宗所依主要经典是《金刚经》，及标榜以看话禅为中心的修行佛教。目前有一百多个以上修行者专用的禅房，以及在全国各地多处运营在家众一起共修的修行场所。看话禅是以参究话头的一种修行方法，是拿公案下功夫，体验觉悟境界的精神状态，最后达到彻底觉悟过程的一种修行法。最近全世界对于冥想的关注度日益高涨，为了亲自体验韩国传统看话禅修行，有不少的外国人士慕名而来。

韩国社会的宗教人口比例是约在五千一百多万总人数中到达一半。完全是佛教信徒约占总人口的23%，可以说所占的比例相当高。相较于其他宗教人口比率高，因此佛教对社会的影响力之大，也是事实。同时，在没有宗教信仰的非宗教人口中至少有半数是倾向佛教的潜在人口。这是因为长久以来，佛教已经融入韩国人的情感、文化之中，所造成的影响和结果。

烙印在韩民族情操中的不仅是佛教，诸如儒教等其他传统宗教的影响也深植人心。但佛教不排斥其他宗教，共建包容和融合，对于宗教的相生共存，有所付出和贡献。如同我们在佛寺可以看到含摄其他传统宗教元素的山神阁、七星阁、三圣阁信仰等。

佛教在高句丽小兽林王二年（372）传入之后，对韩国的社会文化起了莫大的影响。从现存文物可见一斑，截至2008年为止，国家所指定国家级文物9728件中，其中佛教文物就占了3331件。佛教界所保有的文物约2061件，特别是308件国宝级文物中有173件，1573件宝物级文物中有989件，皆是珍贵的佛

教文物。由此统计数据来看，可知佛教在韩国文化发展过程中，肩负着多么重要的地位。

　　佛教界从信徒教育、组织、慈善事业、文化和修行等各种领域，活泼地展开现代化的弘化活动。其中信徒教育方面，主要通过佛教教养大学施行，所获成果丰硕。各宗团均设有佛教教养大学，以各种型态运营，数量达数百所。截至2008年，大韩佛教曹溪宗宗团辖下的佛教教养大学有76所，每年有三千多名信徒结业。

　　在每个佛寺均有信徒会组织，各信徒会连接成全国性的社群，活跃于布教活动。中央信徒会由全国24个教区本寺的信徒代表参加，是佛教徒信行活动的代表。组织完备的信徒团体有布教师团体及国际弘法会。布教师经由考试选拔，目前约有三千多名投入弘法行列。

　　国际弘法活动，主要是透过设立在世界各地的韩国佛寺为中心展开。海外设立的佛寺道场，美洲地区有一百多处，欧洲南美等地也持续在扩展之中。或是像是崇山、园明等大禅师，多年来致力于国际弘法的成果，亦有目共睹，并掀起外国法师一股出家的热潮。因崇山法师的弘化，全世界各国约有二十万名信众皈依佛教，其中约有一千名以上，为了出家来到韩国。迄今，渴望出家的仍后继有人。从曹溪宗宗团获得国际布教师资格证，在美国等世界各地活动的国际布教师，也有三百名左右。

　　"波罗蜜多"是属于青少年的布教团体，设立十六个支部三百多个分会，针对初高中各阶段的学生传播佛法，隶属此团体的布教指导老师有六百多位。大学生方面，由全国大学生佛教联合会负责，青壮年布教由大韩佛教青年会负责。

　　世界各国人士对于韩国佛教的关注，是从体验佛教文化开始扩散的。愿意在保存韩国传统佛教的佛寺里住宿体验的人，越来越多。寺院寄宿体验的开办，是从2002年国际足联世界杯时正式开始的。目前洛山寺、通度寺、直指寺等多达120多个佛寺进行各种山寺体验活动。各佛寺虽略有不同，但大致

都是两天一夜，或是三天两夜的活动日程。在融合自然景色优美的佛寺中，一方面舒心，一方面体验出家的生活作息，暂时离开尘俗，让心灵得到休憩的空间和时间。

佛教界为了纪念佛陀诞生，每年都在全国各地佛寺举行燃灯节。筹备燃灯节是在每个地区组成奉祝委员会，结合地方人士，不分宗团和宗教信仰，一起实践同体大悲平等的思想。参与燃灯节的群众，不仅局限于佛教信徒，同时也在摸索形成一个开放给地区市民，可以共同参与的区域性文化节庆。山寺音乐晚会可说是激活佛寺文化节庆的重要功臣，奉化郡清凉山清凉寺每举办山寺音乐会，因参加者众，铁路局都得临时增加车次运行。由于山寺音乐会的成功，广受大众的欢迎，促使其他佛寺也积极筹办音乐会弘法。

佛教文化资产中能引起世界人士瞩目的，莫过于寺院饮食。佛寺素食可以改善现代人因垃圾食物或速食对健康所造成的危害，已位居慢食运动的中心地位，对佛寺素食增进现代人身心健康的期待是非常高的。

通过社会慈善活动的布教，近来在佛教界非常活泼地展开。在全国运营约五百五十多个佛教社会福利设施，约有一万多名的社会工作师从事慈善活动。大

韩佛教曹溪宗宗团直接运营的社会福利设施，有老人疗养院、地区综合福利院、儿童综合福利设施等一百一十五个慈善机构，从事社工人员约有两千多名。

以佛教界为中心活动的社会组织和非政府机构NGO，自2002年开始蓬勃地展开服务。佛教界为了帮助市民社会团体，公开征选在人权、南北韩统一、环境、女性、劳动等议题领域的社会团体，予以赞助。特别是曹溪宗团在2007年制定《佛教社会活动振兴法》之后，更灵活地赞助市民社会活动。

佛教界标榜国际救助的NGO组织，有净土会、地球村共生会、隶属实践佛教僧伽会的莲花世界（lotus world）、曹溪宗福祉财团等。净土会成立于1988年，主办印度国际工作营，运营苏贾塔学院（Sujata Academy）等后，开始着手关注国际救助活动。地球村共生会在越南、柬埔寨、老挝等各地进行捐赠公益井水。实践佛教僧伽会设立的莲花世界在柬埔寨展开设立幼儿园等各项慈善事业。曹溪宗社会福祉财团在斯里兰卡兴建曹溪村，参与国际救助活动。

至于，医疗爱心服务组织有附设在中央信徒会下的"欢喜见到你，莲友"组织。又东国大学附属医院的医生和中央信徒会社团法人"天天都是好日"团体，购入车辆和医疗器材，在全国各地巡回医疗义诊服务活动。

佛教界的传媒活动，透过新闻报纸、广播、无线电视等各种方式传递。经由FM播放的有BBS广播电台，佛教无线电视台有BTN和园佛教的园音电视台等。新闻报社有《佛教新闻》、《法宝新闻》、《现代佛教新闻》、《周刊佛教》、《金刚佛教》、《密教新闻》等。同时还有佛教信息中心所提供的《佛教聚焦点》网站。

在高度信息化的时代，数码新传媒是作为弘法的重要工具。诸如网页，IPTV和卫星电视等新媒体都受到瞩目。其中最为普遍化的是互联网，佛寺或各种团体组织都制作网页，作为宣传非常有效果。

目前韩国正快速地进入高度信息化的社会。大众对提升社会福利服务，以及精神文化的关心，日渐高涨。对佛教修行的高度关注，也是事实。面对社会的变化，韩国佛教界研拟符合现代人的弘法方法。开发各种型态的修行活动，为增进大众精神文化和福利，贡献力量。佛教界面向社会的弘化活动，正是抱持着这样的观点和态度，积极地向前推展发扬。同时也肩负起使命，全力以赴，愿将弘法从韩国社会推广至地球村每一个角落，达到佛教成为世界最普及化宗教的目标。

韓國佛教有何不同？

韩国佛教思想的特征

从自古以来，相较于其他国家，韩国佛教发展出特有的佛教思想。这个思想的传统就是"会通佛教"。所谓会通佛教，就是各门派宗团不对立，井然有序地相互融合的意思。那不是排斥异己之后的统一，而是来自相生共存的法则，彼此相摄后达到的和谐。能形成会通佛教，乃是在全体和谐的关系中，彼此之间有相通之处的缘故。

在调和与均衡中，不起混乱，必然存在着秩序。尊重个别的特性之下，要让各自敞开心门，达到和谐，须有衔接的贯通精神。这个道理就像是用一条线把各种玲珑精巧的珠玉，串在一起，然后散发出耀眼的光芒。

韩国的会通佛教，充分融入了佛陀所强调的缘起和中道的教法。所谓缘起，就是重视相生相长和一起分享的关系。如此达成的和谐关系，仿佛是百花怒放，花团锦簇。中道的意思是放下你和我、美和丑、善和恶、这个和那个两极化的差别，打破极端的成见，拆除挡在你和我之间的高墙。因为这道高墙，带来人与人之间的隔离、孤立的痛苦；因为这道高墙，造成自然与人的隔离，自然成为人征服的对象，发出痛苦的呻吟。故中道和缘起的教法，就是教导众生解除你我的对立，以和谐的关系彼此共生，来提升无限的发展。

所以《华严经》强调的多和一的融会贯通，宇宙与个体的相应相摄，多样性与个别性的协调一致，在韩国佛教里特别显著。会通佛教的特色，便是以佛陀和大乘佛教重要的教法为根本，再向前一步发展，以多样性的统一完成。从这一层面来看韩国佛教的独特性，具有重要的意义。这种会通佛教的精神，与日本佛教或是中国佛教的传统，着重于宗派所依经典或宗义，有很大的不同。

那么，以下就来说明从多样性到统一的递变过程是如何形成的，所呈现的特征又是什么？

奠定韩国会通佛教基础的重要人物，是元晓大师（617－686）。元晓大师试图以其"一心"的中心思想来融会贯通浩瀚如大海般的经典和信仰。即宇宙森罗万象会入一心，一心之中相互调和，达到万法一心的和谐与理致。

而促使会通精神在韩国落地生根的是韩国华严宗开山祖师义相（625－702），如义相大师所说：

"一中一切多中一。一即一切多即一。一微尘中含十方。一切尘中亦如是"。

禅宗是在新罗晚期传入，禅宗倡导"教外别传，不立文字。直指人心，见性成佛"。因此禅宗不重视佛像和读经，主张一尘不染的纯净，和观照生

气盎然的本心。这样的禅宗传到韩国以后，不但没有与其他宗派对立，且加以吸收融合。

九山禅门是韩国代表性的禅宗寺院，那么，前往九山禅门中位于全罗北道南原市的实相寺吧！实相寺各佛堂内供奉着毗卢遮那佛、药师佛等佛像。这和中国禅宗佛寺不立佛像，只有大禅师论经说法的讲堂，是截然不同的。除此以外，韩国代表性的禅宗寺院也立佛塔，塔的基坛部浮雕《华严经》所强调的护法神众像，神将天衣飘舞，守护清净道场。那是将华严所说教学的佛教和禅宗追求的修行佛教，彼此贯通的缘故。

从这个观点来看，韩国佛教是以禅为中心，融和其他所有的宗派，显现出融会贯通的面貌。换句话说，韩国佛教已成为以禅为中心，整合各种不同佛教教理，达到和谐，有条不紊的理致。树立韩国佛教以禅为中心的传统，来自高丽时代普照知讷所作出的极大贡献。普照国师主张禅教一致，定慧双修，在这之前，禅教还是处于对立的状态，从他开始兼纳禅教两宗，修禅的风气因而大为兴盛。

　　以禅为中心的会通精神，经过漫长岁月的洗礼，亦经历了一些变化。今日代表韩国佛教的曹溪宗，虽高举着禅宗的旗帜，但仍融合着其他的佛教思想、修行、经典等。

　　韩国的会通佛教，以一心为基础出发，运用华严调和均衡的义理，井然有序地展开以禅为中心的佛教。这种会通佛教的传统，是在其他世界各国少见的，唯有韩国佛教才具有的独特性。

韩国佛教文化的特征

想要了解韩国佛教文化的特征，必需亲访一趟韩国的佛寺。那是因为韩国佛教文化的特征，还非常完整地呈现在佛寺里。从韩国佛寺的构造，可以看出以禅宗为中心，加上以华严统合各种思想的面貌。如果说，禅以其特有的单纯淡定形成有条不紊的秩序，那么华严则是强调百川归海的和谐。

因此，在强调以自力修行的禅宗寺院，也纳入属他力信仰的净土宗，建立无量寿殿供奉阿弥陀佛。修行者禅修的地方，不但有念佛的佛堂，也有讲说教典、佛陀教法的讲堂。除此以外，还有研究教导戒律的律院。

韩国佛教把具有禅院、讲院、律院、念佛院的佛寺，叫做丛林。在中国说到丛林，通常是指僧人聚居之处，或是禅修者在丛林或是茂密树林中修行的地方，但是在韩国佛教里，丛林不单只是禅院，还包含其他教育机构或是修行场所，是一个多样化却又具有完整性的道场。

因此，来看今日韩国佛寺内的建筑，呈现出华严、法华、观音、净土、地藏、禅等诸种信仰修行及教学义理，构筑成综合的佛教面貌。这也是在多样之中，却又达到全体和谐共存的一种面貌。

从韩国佛寺所展现出来的风貌，可以看到讲究与大自然的均衡调和。大部分传统佛寺位于溪水潺潺，绿意盎然，清幽宁静的山中。佛寺融入自然之中，善用自然的一部分，或将人为的再转为自然的一部分。如此营造出花开水流的意境，让山中隐隐敲响的暮鼓晨钟，回绕周身。

又如建筑的屋檐如鸟儿展翅，翩翩飞来，配合周边山麓，屋顶线条和山麓彼此交错相连，融合在一起。前庭或莲池也与自然相融，虽是人工凿建，但显现出另一种自然之美。莲池中加设大竹筒，引水流出，水波粼粼，鱼儿戏水，蝶花共舞。莲池水平如镜时，周边山林岩石倒映池面，波光涟漪，婆娑起舞，真是美不胜收。

瑞山龙贤里磨崖如来三尊像（百济，国宝第84号，忠清南道瑞山）

相较于中国和日本，韩国的佛像、佛塔，在自然中不会突兀或给人们带来压迫感。在韩国看不到征服自然、与自然对立，带来压迫感的佛像或佛塔。韩国的佛像佛塔不突兀不招摇，再怎么庞大，也是端雅地投入山的怀抱而已。也就是说不背离山的怀抱，不倒横直竖，傲然矗立。即使小家碧玉，也落落大方，有大气度。虽不雄伟华丽，但是无可挑剔的恰到好处，反而可感受到简约的美感。

韩国佛像的表情就像是塑造佛像的当地人面貌。石窟庵主尊像宛如新罗人的面貌，庄严的容貌充分表现出他们所追求的佛国世界。瑞山磨崖三尊佛刻画出百济人天真烂漫的微笑和情感。寂静之中散发出慈悲情怀，虽无权威感但极为庄严。

韩国佛像的造像，很少有奇形怪状的。中国、日本、西藏、中南半岛各地可见的三首六臂观音菩萨像，或是容貌怪异的观音菩萨像，全然无有。这是来自禅宗单纯简洁的作风对韩国佛教的影响。将禅的黑白、余白之美境界，具体化地呈现出来，那是如山中溪水般清澈，如蔚蓝天空般纯净的美。不可否认地，这当中已融入了韩国人简朴单纯的情怀。

韩国佛教的传统修行

韩国佛教因还活生生地保留了传统的看话禅而受到瞩目。日本也保有看话禅，但是那不是日本佛教的主流，且事实上日本的看话禅已经脱离传统的看话禅，成为日本式的看话禅。

禅有各种修行法门，其中看话禅总括了禅的精髓。在韩国说到禅，马上就想到看话禅。看话禅是以参究话头的修行法，持话头在心中，我与话头合为一体时，所有的分别作用和杂念就不存在。是非、善恶、美丑等理性的判断消失，接受现实存在的一切。在如此的现实中，其真实性完全的实践就是到达觉悟。

禅师经由安居来体验这种觉悟。安居也称结制，是指进入安居期的开始阶段，相对地安居结束时称为解制，故进入结制，就是开始安居的意思。目前作为代表韩国佛教宗团的曹溪宗，拥有一百多个禅院，每年有两千多名的法师安居，以参话头精进。安居就是禅师足不出山门，断绝与外界的接触，在禅院专心修行的意思。安居来自梵语varsa，意译为雨季，始于佛陀在世时，印度每逢雨季，经常豪雨不断，丛林里各种爬虫类尽出，修行者外出不便，且易受伤。加上在丛林里行走也会踩死无辜的生命，所以佛陀嘱咐弟子在夏天三个月期间进行安居，之后便形成夏安居制度。一入安居，修行者就留在寺院内，杜门不出，专心致力修行。

在印度原只有的夏安居，传到四季分明的中国后，在冬天也进行安居，称冬安居。夏安居是农历四月十五日到百中（盂兰盆法会）的七月十五日，冬安居是农历十月十五日到次年一月十五日，各三个月期间施行。

但是在韩国有所谓的"散缀结制"，意思是说即使安居期满了，仍继续在禅院结制精进，也有的禅院根本没有结制、解制，继续进行安居。有六个月结社、一年结社，或是三年，更长到六年结社。即以六个月、一年、三年、六年

为期限，足不出门，专心修行。甚而比这更严厉的是"无门关"，无门关就是修行者单独关在房里，杜门不出，勇猛精进。这种修行方式也叫做闭关。禅僧在闭关期间，只饮水和吃少量的食物。

禅院一入安居，所有的大众早上三点起来，依照竹篦响声讯号，简单地进行三拜，便开始参究话头。在禅院，除了过堂出坡作务，或是在禅院周边经行跑香的时间以外，依照各禅院清规，到晚上九点、十点、或十一点，都毫无杂念，进入参禅三昧之境。

安居结束以后，在下次结制之前，禅师离开禅院，四处参学云游。云游也是省察内心的时间，那是修行者为成就菩萨道，所谓的万行。万行的禅僧，行脚三江五湖，漫游各地，不居一处，称为云水僧。

万行的原因，是为了将在安居期间参透话头时所获得境界，落实于现实的生活之中。同时求见心明眼亮的善知识，检验自己的觉悟或者修行的状态。万行同时是在各种的生活环境中如实地参话头，也是求道的过程。所以踏上万行，与大自然和人，相会交谈，分享体验。因为行走四方，所以也叫行脚。即为了求道，如云水一般，漂泊聚散。通过行脚，禅僧清空自己，放下一切，再也无所挂碍和执着。

目前安居制度不再仅是专属出家人，一般在家众也广泛地参加共修。虽然受生活羁绊，无法像出家人一样，长久滞留在一处精进，但在安居期间，于凌晨、夜晚、白天规定的时间内精进话头，或者进行读圣、礼佛、念佛、持咒等各种修行活动。

韩国佛教的传统修行和具代表性的修行方法

为什么要修行

最近冥想已经立足于追求精神文化潮流的地位。所谓冥想，就是通过专注与修定让身心达到平衡的状态。在佛教把冥想叫做修行，佛教以禅定来达到心境的平和，进而追求最大的幸福和宁静的喜悦。

现在人生活忙碌，经常陷于矛盾纠葛之中。终日奔波劳碌，心浮气躁，无法静下心来。就是在休息的时候，也不能够完全放松，总感觉好像有什么放在心头，不能得到充分的宁静。行走或是工作的时候，种种杂念浮上，反复迷惑等等的现象，都是造成人们情绪不安的原因。这些无明时时刻刻出现，给人带来痛苦。尤其是，当心如脱缰野马时，则四处恣意漫游，终日徬徨在歧路。如此得不到安定，结果招来混乱。最终累积成为一种压力，造成心灵的疾病。心灵病倒后，接踵而至的便是身体的病痛。所以，忧虑、操心、欲望、愤怒、杂念等都要放下，放下就是得到休息。

修行是为了要休息。所以修行者就是让心灵休息的人。心情获得宁静的休息，任何世间的爱憎，也不会动摇我们的心。让心回到本心，得到新鲜的呼吸。这样的人，他的脸上看起来非常平和恬淡，时时绽放出笑容，不再有愤怒。那是因为放下沉重的心，以安定自由来调心行动的关系。

将心放下就是放下执着。执着让"我"的意识蠢蠢欲动，集中在我执的意识，是让人难以放下的原因。也就是说，"我"清空如虚空一样的话，那么就可以完全放下，得到休息。清空自我，就是达到无我境界。降服我心的话，不但可以获得无限的和平自在，同时自然而然地开始对周边的人付出关心，自发性的为别人奉献无分别的爱。

要放下我，是不容易的。但是不放下，我们的生活最终得不到幸福，也得不到安宁。所以愤怒、怨恨、悲哀、急躁不安的心全都要放下。不这样做的话，只会使灵魂受到伤害。因此，为了放下，为了清空我执，我们进入修行之门。

韩国佛教传承的修行方法有看话禅、念佛、看经、持咒等四种修行方法。这四种修行法是韩国佛教传统的四大修行法，即使是进入现代以后，仍在佛寺里广泛地运用这四种修行法。通过这样的修行法，韩国人体验无我境界，放下自我，最终获得智慧和寻找到真正的我。

看话禅

在还完善保存着传统看话禅修行的国家中，韩国是相当具有代表性的国家。看话禅过去经由九山禅师或崇山禅师积极向国际社会介绍，目前已由他们的弟子接棒，四处传法，照亮了各国人士的心灵之窗。迄今慕名前来，想要在禅院体验看话禅的外国人，始终络绎不绝。

看话禅和话头

什么是看话禅？看话禅又称话头禅，看话禅修行重视将话头置于心中，清晰参透话头，达到明心见性，大彻大悟。当参透话头时，话头和我全然地融合为一体，话头和我的分别消失，我进入浩瀚如大海的真理世界。为什么是这样的呢？

为了解开这个秘密，我们要先正确地了解什么是话头。话头如同一种解不开的谜语一样，不！这么说更恰当，那是对人生和世界本源的一种怀疑。这种对本源的怀疑，是一种极大的疑问。这种疑问不是平常心里嘀咕的疑问，那是来自对本源问题所产生的根本质疑。

只要是人，在追究什么之前，经常是先存在对自己的怀疑。"我是谁"、"人为何而活"、"人为什么免不了一死"、"为什么"、"为什么"存在着这些质疑。这是充满怀疑的存在，究竟是无法得知，又充满好奇的怀疑。

我从哪儿来？将去哪儿？我是谁？宇宙有否终结？等等的怀疑，是谁都曾有过的经验。但是对这样的怀疑，是得不到合理的或是标准的答复。即使尝试回答疑问，有时反而让我们无所适从。那是因为我们找不到答案。越是想要寻找答案，徒然更增加疑问而已。那就是所谓极大的疑问，以下不妨对照笛卡尔的怀疑论，或可对了解这极大的疑问，有所帮助。

笛卡尔认为，人或可否定出现在我们眼前的所有现象，但是无法否定产生怀疑的我的存在。那结论就是诞生了那一句有名的"我思故我在"。对于产生怀疑的我的存在，是毫无疑问的，且是明确的事实。这个思考主题是对理性和自我的发现，完全瓦解了中世纪以来以神为中心的哲学思想。

但这样的怀疑是以我为主体对客观化现象的怀疑，因此无法抛弃主观的成见，无法突破我所思维的枷锁。这样的怀疑，和去质疑我、世界最底层本源的疑问，在本质上不同。因为对我和世界本体质疑的根本疑问，就是极大的怀疑。

话头就是指本源的疑问，即极大的怀疑。这样的怀疑，是任何哲学或是思想都无法解开的。但那却是任何人经常持有的怀疑，同时也是最大的疑问。对"到底那是什么？"这个疑问经常悬念纳闷，无法不怀疑。

话头的修行就是如此，话头是在心中来回参透极大的怀疑，把话头的怀疑，如同磁铁一般地扣住心头。当身心集中在话头的时候，所有的想法作用自然处于停滞的状态，当更深入话头怀疑时，只剩下话头，所有任何思想的踪影都消失殆尽。我的意识也不存在。我成为怀疑本身，成为话头。所以怀疑成为三昧，进入怀疑三昧，完全进入话头的三昧境界。

这样通过三昧的怀疑，不是以我的思想意识怀疑是什么，我已经完全地消失，只剩下疑问在运作，只存在话头在运转。

想法和言语不能掌握住真理，想法和言语只能刻画出其中的一部分，并不能完全掌握住物体的全部。那是因为我们的想法和言语，都是来自己的主观意识，带有浓厚主观意识的关系。我们所说的言语都是戴着有色眼镜的想法。

但参透话头的时候，在瞬间各种想法和言语消失，自我也彻底地被铲除，原来潜藏在底层，我的真面目就涌现出来。那是无我的境界，在无我的境界之前，是你我有分别的境界。

和话头合为一体的话，沸腾的情感和妄想，都将沉睡不醒。内心不再受喜爱憎恶，悲欢离合感情的变化，而有所动摇。时时刻刻迎我而来的噪音，愤怒的情感，对立的意识等，都因话头沉静下来。在我和话头合一的境界之中，我如泰山般安坐，任八风吹不动。

　　全心全意集中话头时，我们的心灵变得寂静平和，不起烦恼。心灵得到疗愈，显现和平和悠闲。最后能够解开那根本的怀疑时，就是到达击破话头的境界。击破话头时，强调我的自我意识、成见、分别心、人与人之间的警戒心完全消失不见了。心灵进入如同虚空，如同大海，如同宇宙的境界。那就是所谓的觉悟。

参禅的方法

参禅是以坐姿修习禅法，所谓禅就是不受周边环境的干扰，观照本心，让心灵得到疗愈，寂静地觉悟。通过这样的打坐禅修，找回真正的自我，让我在生活中成为主体。

佛教打坐的姿势一般多采结跏趺坐，又叫莲花坐。首先准备垫子，坐在上面，将左足置于右足大腿上，同时把右足放在左足大腿上，两腿盘成X形后，两膝自然垂地。为了帮助脊椎挺直，可用垫子折半，垫在臀部后半部。

无法结跏趺坐的人，可采取半跏趺坐，也称半莲花坐。那是将左足置于右足大腿上，或相反地，右足置于左足大腿上。对于习惯使用椅子的西方人来说，双盘或单盘坐姿并不容易，但如果经常持续地练习，可以做到正确的姿势。以上这两种姿势都困难的人，也可以坐在椅子上，坐在特别设计的椅垫上参禅。

盘坐两足安稳后，两手环抱，形成约可放下橄榄球大小的椭圆形，轻放在脐下。右足在左足下的话，右手在下，左手在上，交叠后两拇指轻轻相触，形成橄榄球状的椭圆形，也可将两手自然地放在两膝上。

手和腿姿势安定以后，身体前后左右，慢慢地反复摇动，找到身体的重心，挺直腰，舒服地安坐。如同有一条线悬住头顶，往上提的感觉，让腰部挺直。眼睛半开，向前方一至二米处凝视，如同法堂内所供奉佛像的神情一样。眼泪流出的话，可以暂时闭目再睁开。

接着，让紧张的身体和心情放松，把自己的身体想成是雪人一般，从头到脚，在虚空之中慢慢地融化消失，完全清空身心。投入打坐时，因为紧张，肩膀肌肉容易紧绷，所以要注意肩膀是否过于使力，应让肩膀放松舒张。其他身体肌肉部位如也有同样的情况时，也用相同的方式放松。把焦虑和担忧全部放在脐下的丹田。

如果还有杂念升起，那就缓慢地数息。先吸气，然后通过鼻子缓慢地吐气。像这样一次的呼吸结束后，心中开始数一，重新再吸气吐气，数二，反

复数到十时，再从头开始数一至十，如此反复进行。随着呼吸通畅全身，借由呼吸的调息能够慢慢地静心下来，如此烦恼、愤怒往外送，嘴角悄悄地露出微笑。

当身心到达某种安定的状态时，开始参话头。话头升起时，再缓缓地投入。一开始时大约参十分钟，接着二十分，然后三十、五十分钟，以渐进式的方式增加时间。

选择"我是谁"、"干扰我身体的是什么东西"、"色身也不是，心也不是，那是什么"等话头，专心投入参究。持续以"这是什么"不停地质疑。

坐禅的时间基本是五十分钟，一般在禅院打坐五十分钟，十分钟跑香，舒缓大腿筋骨，然后再打坐五十分钟，十分钟跑香，反复持续地进行。

刚开始坐禅不能完全投入话头，而且妄想经常浮起，或是出现打瞌睡的状况。遇到那样的状况时要清清楚楚地知道，知道的话，就命令身体停止那样的情况，然后再集中话头。睡意来临的时候，不需刻意强忍，可以稍睡一会儿。这般继续进行的话，自然而然可以投入话头。唯有继续坐禅参究话头，是不二法门，才能到达觉悟的境界。

念佛修行和持咒修行

　　人的行为来自想法，怎样的想法出现怎样的行动，进而改变人格，改变人的面貌。佛陀充满慈悲，胸怀浩瀚无限如宇宙，如果我们常观想那样庄严光明的法相，那么也可以成就如佛陀一般的庄严妙相。

　　念佛就是观想佛菩萨，改变我们的内心如佛一般，最后达到觉悟的修行方法。通过念佛，韩国人生前得到心灵的安定和平安的生活，死后往生极乐净土。它伴随着人从出生到死亡的一生，最终祈愿达到解脱觉悟。

　　念佛时要虔诚地观想佛，放下一切，把自己的身心完全托付给佛。也就是皈依笃信佛陀伟大的慈悲，完全地放下自我的意思。彻底地解放我执，只在内心深处观想，让内心充满佛的庄严、慈悲心、举止行动。念佛修行所要求的就是脸上含着微笑，处处放下自己的身心，谦虚恭敬的态度。

　　念佛修行者同时盘旋在善恶之间，忏悔过去的苦闷烦恼，并感受人间理性的绝对界限。此时唯有觉悟断离舍，坚信皈依佛，才是人生唯一的道路。深切感悟诡谲多变的内心，以及无止尽的欲望，将自己彻彻底底地放下。在完全清空之后，用念佛以佛心来填满。

　　在完全的清净心之中，佛陀无所不在，因此获得绝对的自由与和谐的境界。在念佛的瞬间，我心如佛心，得到佛的生命。在念佛的瞬间，得到佛的生命，所以念佛修行者老实地生活，谦卑地把自我摆在最低处，以平和的心一天一天地过日子。

　　一般念佛的时候，多念"南无阿弥陀佛"六字。除了阿弥陀佛以外，还有很多称各种佛菩萨名号的念佛。也就是说，称念观世音菩萨的话，就是观世音菩萨念佛；称念释迦牟尼佛的话，就是释迦牟尼佛念佛。但是长久以来，由于人们笃信阿弥陀佛的无量光、无量寿，所以一般念佛的时候多是称念阿弥陀佛。

具体的念佛方法是口中清楚地念"南无阿弥陀佛"六字，同时烙印在心中，或是眼中浮现佛慈悲的法相。

南无阿弥陀佛的南无是皈依的意思。也就是放下一切，将自己身心完全皈依佛的意思。念佛的时候，身心俱投入观想阿弥陀佛，除了阿弥陀佛以外，不容许任何杂念妄想进入。好像是孩子渴望回到母亲怀抱的念头，在心中持续不断。如此一心念佛，就进入念佛三昧。此时只有观想佛的念佛声，除了一心念佛，一概没有其他的杂念。到达那样的境界，我心即佛心，佛心即我心，两者合为一体。

持咒修行是指持诵真言的修行，在韩国称为咒力修行。真言（mantra）是诠释宇宙和人生真理，含有神秘力量的真实语言，所以又叫真言。真言具有不可思议的力量，它是佛陀真语，从佛经佛陀众多教法中浓缩的言语。是唤醒我们佛性的言语，让潜在的生命重新苏醒的言语。

真言通常只是简单的单音节，或是几个音节，长一点或由一些文句所组成，里面蕴含佛陀所说的全部真理。从这点来看，它没有脱离思想和意义的领域，但由于涵意甚深，无法单以字面的意思来解释。

持咒修行和念佛的方法有些类似，两者的差别是，念佛在称念佛名时，同时默想所含意义，但是持咒修行，不去理解意思，背诵时就是专心在咒语声音和声音之间的波长。

较为简易又有代表性的持咒修行，是持六字真言和光明真言。所谓六字真言是指持诵"唵嘛呢叭咪吽（Oṃ Maṇi Padme Hūṃ）"六字。唵（Oṃ）字此音节浓缩宇宙万物的开始、保存和结束，涵盖了诞生－维持－完成的所有过程。所以也有只持这一个音节的。六字真言从字面来看是"唵 珍宝 莲花吽"的意思。但是在持诵时，不需要去想这一层意义，只要集中在念咒。持此咒是为了得到观世音菩萨微妙本心的加持，祈求菩萨的慈悲带来内心的安定。

光明真言是"唵 旖暮伽 廢 嚕者娜 摩訶畝捺 囉麼抳 鉢頭 麼入嚩攞跛 囉襪彈野吽（Oṃ 'amoga vairocana maha mudra jvala pravartya hum）"，是祈愿以毗卢遮那佛的光明成就灌顶三昧的真言。

持此光明真言，不论累积多深的罪业，也能因毗卢遮那佛的光明普照，得以完全除灭。持诵时专心观想毗卢遮那佛如太阳般的光明，普照自己的身心，进而合为一体，会更具有效力，如此自我和黑影也消失殆尽。

看经修行

来到韩国的大佛寺，经常可以听到法师们读经的朗诵声。每天清晨，走近学僧习经的禅院附近，也是洋洋盈耳。法师们一边读经，内心也深深地牢记佛陀的教法，达到心灵的修行。一般在家众，也可以通过读经来调理自己的内心。这如同基督教徒读圣经章节，同时铭记在心，或沉思默想是一样的。

韩国佛教把读经的修行叫做看经。看经就是读经，经是佛陀的教诲。经为何是佛陀的教诲呢？在此说明一下。

经来自梵语sutra，译为修多罗，本意为绳或细线的意思。如同木匠利用墨绳准确地切割木材，人的生活和行为也需要有准绳来规范，那就是佛经。也

就是将佛陀的法语作为规范我们生活的准则。

如果我们读经，可以发现正确的人生和智慧。同时读经不可以仅是读经而已。必须用心和眼深入了解，也就是说用我们的心眼去读。不下任何批评性的判断，就是接受佛陀的教导。将佛经的内容转化成自己的，渗入我的皮骨、呼吸、步行、言行举止，如同佛陀一样。渐渐地，内心也变得无比清净宽阔。

在读经的时候，经典里的一切显现在心中，因此心如明镜，生出智慧。当佛经智慧成为活的文字时，我不再受佛经文字或知识的牵制，我成为主导自己的人。

读经或读诵是眼睛注视经文，配合声调起伏诵出铿锵有力声音。琅琅经声仿佛是优美的歌曲一样，敲响内心。那么，如何有效率地读经呢？以下介绍几个简单正确的方法。

第一、采结跏趺坐或半跏趺坐，或以端正的坐姿，看着经文，诵出铿锵有力的声音。那么诵出来的声音，自然清晰地传入耳内。

第二、读经时将佛经里所说的道理，牢记在心中，并正确地理解佛陀法语的含意。

第三、以平稳的心，一心一意，毫无杂念，持续地读经。

第四、带着仿佛我在佛陀面前，聆听佛陀教导的态度读经。

第五、用充满法喜的欢喜心读经。

第六、伴随着音韵的节奏读经，让佛经的每一经典语录，都成为心中之歌。

五体投地修行

　　韩国佛教的礼拜礼节有合掌和五体投地。其中，含有修行功能的仪礼，就是五体投地。五体投地指身体的双膝、双肘、及头五处着地礼拜，故称之。

　　这样的仪礼是将自己身心放下，以最谦卑的态度（韩文称下心），向礼敬对象表示敬意的动作。将自己的身体放在最低的位置，也是一种修行。也就是说放下自我，把对象视为佛陀一般恭敬的意思。

　　恭敬他人所具有的佛性，对方也因此会变得像佛陀一般恭敬，内心开始相通。如此互相恭敬礼拜，自己也会放下，所以是实践无我，非常好的心灵修行。在相互礼拜时，祈愿彼此成佛，刹那间就是佛陀的世界。那里没有分别心的高墙，隔离你我的分别消失。在礼拜的瞬间，你是佛，我也是佛，都是成佛的生命体。

在基督教通常是禁止立像膜拜的。基督教认为将物质形象赋予神格，是一种偶像崇拜的关系。虽然佛教徒对着佛像礼拜，但是他们拜的不是一个形象，而是佛陀的心。更明确地说，是向着通过形象所表现出佛陀如珍宝般的慈悲心、清净心礼拜。不仅如此，在大自然中的道路、山岳、岩石上，处处礼佛。通过真诚的礼拜，将一切和佛陀生命合为一体。

一般在礼拜时行一拜或三拜。对佛（佛像）或法师，基本上行三拜。依情况而定，也可以省略行一拜。每行一拜时，来自身心的如法多少，决定了礼佛的意义和感应。

在佛教除了一拜或三拜以外，还有一百零八拜、一千零八十拜、三千拜等。以一百零八拜、一千零八十拜、三千拜反复礼拜的原因，首先是透过相同的动作来让身心合一，达到精神上的安定。第二个重要的理由，是为了安定自己的身体。通常来说，靠着思考来放下自我，并不很难。但是经由身体的动作来实践，却不容易。不但要克服极难忍受的痛苦，且以磨练身体的极限，来降伏一切欲念，最终才能放下自我，到达无我的境界。

礼拜可和念佛、持咒一起进行。或数礼拜的次数，或对身体省察，或者参究话头，如此礼拜更有效果。精神更加集中时，身心就能达到和谐状态。那么什么是正确的礼佛方式，以下说明合掌加上五体投地的方法。

合掌是双手合十，非常恭敬的一种动作。将双手合十为一，是收起杂乱的心，将它合成为一心的意思。合掌时身体要挺直站稳，不要摇摆不定。两腿并拢，维持安定的姿势，接着两手掌心紧贴合并，手指间不要张开，也不要歪斜。合掌完毕后，上身至腰部向前倾斜60度，再回身。因为是半躬身为礼，又叫做半拜。

合掌站立的状态下，双脚弯曲跪下，此时膝盖自然地张开，与两肩同宽，脚后跟伸直，将臀部落在脚后跟，用两脚趾顶住地面，让身体稳住平衡。

接着以跪拜的姿势，两手掌心置于地面，额头自然着地。将两手平行，稍合靠在头两侧，指尖以15度向内并拢，此时注意手指不要张开，并将左脚放在右脚上面，交叉成X形状。尽可能将身体笔直地伏贴在地面，臀部不要抬高，臀部蹲伏的模样极为不雅观。

以下是行接足礼，所谓接足礼是用两手掌承接佛的双足，两手掌心向上抬高至耳根的高度，仿佛是恭敬地接着佛陀的双足，踩在自己的头上。人身体中最尊贵的是头，最卑微的是足，以头礼足，是对佛或接受礼拜对象表示最恭敬之意，同时也是将自己放在最谦卑的表现。

接足礼之后，起身站立，回到双手合十姿势。注意不可以从臀部起身，

不但不自然不雅观，也是不正确的动作。如此，完成一次的礼拜。

接着是三拜或做一百零八拜，在礼拜结束前最后行唯愿半拜。

唯愿半拜，又叫磕头礼。是在接足礼后，头自然而然地抬到肩膀的高度，双手合十，放在鼻尖的位置，然后手掌心撑起，额头触地，缓缓起身站立。在礼拜结束前所行的唯愿半拜，意为即使千拜万拜，也无法完全表达出对佛或接受礼拜对象的敬意，用来表示虽然想再礼拜，但是满怀遗憾到此结束的意思。

目前在韩国，每天清早或是晚上，以佛教一百零八拜修行的人非常多。原因是通过这样的修行，不仅内心得到宁静，治愈肉体的病痛，更可以恢复令人满意的健康，让身心得到均衡发展的关系。

下决心开始以礼拜修行是不容易的，但就放下那沉重的心，好好地实践吧！将自己放下，专注观照本心，越是这样，拜了两次，又想第三拜，然后是一百拜，自然而然地就可以做到一百零八拜。

僧侣的人生

从出家到涅槃
-
山寺的一天

修行就是苦行。但是苦行具有无能取代的至上价值，因此修行本身是幸福的。为了追求幸福的人生，舍弃一切，专注修行的就是佛教。释迦牟尼佛舍弃人生的富贵荣华，决定出家，是因为体认到世间的欢乐，不能带给人们真正的幸福。佛陀也知道即使衣着褴褛，挨饿受冻，但觉悟正道，救度众生的修行是幸福的人生。修行者的出家，正是效法佛陀的行仪所下的决心。

从出家到涅槃

行者

　　要成为佛门弟子，得先经过行者的阶段。行者的期间，普通在受沙弥、沙弥尼戒之前六个月到一年的时间。以世俗的说法，是在公司实习的阶段。特别是在这段期间，要集中摒除过去在俗世所经历过的事物和观念。因此还不接触佛经，主要是在身体的劳动。首先做的是厨房杂役，从洗碗开始，切菜煮汤，烹调斋饭，所担当的多为护持大众修行的杂务。同时，寺里人手不足时，或是需要劳动时也经常协助。

　　行者阶段最初所学的是《初发心自警文》，这是对于一个初入佛门者，指导如何调理心态，如何以修行来度过一生等，非常重要的指南书。因此不仅要了解内容，充分背熟，在受戒以后，也要随身携带，时时作为警惕。

行者教育院

　　结束忙碌的行者生活，为了受戒，进入行者教育院学习。宗团一年中在春秋两季，开办两次行者教育，沙弥和沙弥尼分别受训。这期间重新检验行者生活期间养成的佛门仪礼，出家的愿力等。通过约三周左右的教育，男性行者成为沙弥，女性行者成为沙弥尼，赋予出家人的威仪。若把行者比喻是法师实习生的话，沙弥、沙弥尼就是法师候选人。

沙弥、沙弥尼

受沙弥、沙弥尼戒后，有义务要选择在传统的教育场所，或是现代化的学校接受教育。在宗团指定的基本教育机关完成学业，授与比丘、比丘尼戒以后，才算是正式成为出家人。

传统的教育机关，以讲院和禅院（基本禅院）为主。在讲院主要是学习汉文佛经，和精进修行。

学习期间约为四年，沙弥和沙弥尼分开培训。在韩国沙弥讲院有十三处，沙弥尼讲院有六处，在讲院学习的学生，大概有一千名左右。讲院指导学生的讲师教职人员大约有百人左右。讲院一、二年级时，大部分以背诵经典的方式学习，三、四年级之后，以讨论的方式学习各种经论。讲院大多设在山中佛寺内，所以大都以传统古老的教育方式进行。学生在大房共同生活，难免会产生摩擦问题，如何克服磨合，是修行的大功夫。因此也是初入佛门者锻炼身心以及预备基础的最佳场所。

基本禅院也是宗团所指定的基础教育机构之一。如同讲院一般，是为期四年的教育课程。以一年为期，在指定的场所，闭门不出精进。抱着必死的觉悟，仅读最基本的经典，大部分时间主要投入参话头或公案的修行。沙弥和沙弥尼严格区分，各自在指定的场所修行精进。

除此以外，还有宗团所指定的中央僧伽大学和东国大学教育机构。在这里可以接受现代化的学术研究和原典研读。待完成四年课程的基本教育之后，授予比丘戒（男性）、比丘尼戒（女性），正式成为出家人，也就是人天师表的法师。

律院·学林·僧伽大学院

受比丘戒、比丘尼戒以后，可根据个人的根器，继续专修。深入钻研教学，或是潜心禅修，或是在佛寺担负行政的事判职务。

想要更上一层楼研修的法师，进入律院或者是学林。在律院两年的课程，严守戒律，钻研律学。除了三宝佛寺通度寺、海印寺、松广寺以外，把溪寺、奉宁寺、云门寺等都设有律院。律院法师的职责是负责出家的受戒仪式。学林是高层次研究佛学的教育机构，以《华严经》为主，大约是两年至三年的精研。

也有进入培训学人教育师资的僧伽大学院，僧伽大学院赋予律院或学林毕业者入学资格，三年课程结束以后，由宗团授予三藏学位。相当于一般大学的博士学程。

禅院

提到法师的精进，是无法与禅院分离的。在完成基本教育以后，必须义务进行五年期间的修行。依照本人意愿选择修行的道场，也就是禅院。韩国约有九十四个佛寺设有禅院。每年为期三个月的夏安居和冬安居都有将近两千多名修行者参加，在座中比丘法师一千三百多名，比丘尼法师九百余名左右。夏安居为农历四月十五日到七月十五日，冬安居为农历十月十五日到次年一月十五日。

安居期间依各场所的条件状况进行。原则上，安居时一天有八个小时

到十二个小时参禅。选择在"无门关"地方安居的法师，结制一开始，关闭
房门，集中参禅。唯一和外界接触的时间，是一天一次拿取门外放的供养食
物。三个月以后才可出关。在本人要求的情况之下，也有三年闭门修行，不
外出的法师。也有长达六年期间闭关的法师，取六年的意思是效法佛陀经过
六年苦行，觉悟正道的精神。道峰山天竺寺的无门关，以六年不出山门，严
守默言，成为有名的禅修道场。

　　具体的禅修方法有多种，虽说行住坐卧，时时都不忘参话头，但禅院精
进时，半跏趺坐、结跏趺坐、长坐不卧、一日一餐、默言是最常见的方法。
僧人可选择半跏趺坐或结跏趺坐参禅。长坐不卧是端坐不躺下，是一种极度苦行，在约定的期间（一周、三周、或百日）内施行。也有信心果断持续好几年，或者修持到位，一生都以长坐不卧的姿势参禅。

最为具有代表性的人物是已圆寂的性彻、清华大和尚。性彻法师将所居草寮加设铁丝网，超过十年以上，不与外人接触，一生以长坐不卧修行。求道的精神感动许多人皈依佛教，成为佛门弟子，求见的大众络绎不绝。法师规定，求见之前必须要先行三千拜，谁都没有例外，因此也留下某位有名的政治人物，也是经过三千拜，才得见到法师的逸闻。以长坐不卧参禅著称的还有清华法师，法师一生长坐不卧，一日一食，始终一贯。如此法力，弘化了许多人。

除此以外，法师也有个人的修行方法。例如在洞窟里修行，这是在大众学习一段时间以后，选择单独安静的修行。也有宗团特别指定的修行道场，那就是闻庆凤岩寺的丛林特别禅院，在此有百余名的修行者，各依职责在指定的地方精进。如在准备大众斋饭的香积厨精进，或在大众房精进，或一天十四个小时修行的加行精进，以及勇猛精进等。所谓勇猛精进是一季三个月期间，一天有十八到二十个小时长坐不卧，潜心修行。只容许五人的勇猛精进，因申请者众，只能依序等待，才可以进入禅房精进。

桃李寺太祖禅院（庆尚北道龟尾市）

念佛共修

法师们还有其他的修行，就是在选定的期间内，集中祈祷修行。一般是七日、二十一日、百日、千日，在这期间，闭门不出，一天三到四回（凌晨、上午、下午、晚上）在法堂祈祷念佛。敲着木鱼，念诵佛名，最具代表的是念诵释迦牟尼佛、观世音菩萨、地藏菩萨、阿弥陀佛。有时是法师独自念佛，有时有信徒参加，在这期间一心一意念佛。或是转动念珠，口诵佛名，内心观想佛名号，称作"咒力祈祷"。也有法师全心投入拜佛的修行，虽然平时经常作一百零八拜，在这时完全以礼佛精进，一天可以继续做一千零八十拜或三千拜，最后累积到一万拜、一百万拜。同时在约定的百日或是千日期间，继续不断地修行。如上所述的各种修行，除了是专属法师禅修的场所以外，一般信徒也一样可以精进。

布教弘化

法师中有全心全力修行的人，也有在一定期间修行以后，面向一般大众弘化，称为布教，或传法。可以在市区佛寺内的布教堂，或是在山中佛寺，运用各种不同的方式进行。如为一般信徒开办佛教大学，从基础佛学入门，到研读佛经有体系化的教育课程。配合时代潮流，也推出多种艺文学习，如书法、茶道、插花、文康活动、学唱歌等。为了弘化众生，有时出家人也融入大众，称为同事摄。意思是为了普度众生，与大众一起同事，进而感化。像这样，法师们不余遗力，为了符合社会的需求，提供各种不同课程，亲近大众，弘化共修。此外，法师不但布教传法，一般人过世的时候，也主持尸陀林丧礼，或者以累七斋，荐度往生者，祈愿往生极乐世界。

回向

佛教的理想是追求觉悟，普度众生，让众生能够获得幸福的人生。在佛教来说，就是回向。面向社会公益奉献的回向，就是慈善福利事业。在慈善机构里，照顾老人、儿童、青少年、残疾人、女性、露宿者、外籍劳工等社会弱势群体，也是法师的任务。除了国家核定设立许可的慈善机构以外，佛寺内也运营规模或大或小的各种慈善组织，推展实践慈悲行。可以说，法师们不仅是修行而已，也透过种种权宜方便，救度众生成佛，那就是出家修行者的人生。

涅槃

修行者随着法腊的增长更加显耀光芒，那是来自持续修行所散发出的智慧。所以在大佛寺经常奉年长的法师为大和尚。出家人修行的意志到寿终为止，是始终不变的。或平凡地躺着结束一生，或以平常参禅的姿势，咽下最后一口气。或有是站立，或有是倒立，也有在法床前读经入寂，种种的方式都叫做涅槃、入寂、圆寂、示寂等。在涅槃后，佛寺举行荼毘仪式。

荼毗式是从以前流传下来的佛教传统葬礼仪式。近年来，圆寂的法师在举行荼毗式时，出现的一些灵异现象，让大众悲喜交加。如2004年古佛丛林白羊寺方丈西翁和尚最后是以参禅的姿势入寂，称坐脱入亡。同一年，通度寺方丈月下和尚圆寂，在进行荼毗式当天晚上，红色的火柱朝向佛寺法堂射出火光。在累七斋时，大白天空荡荡的天空，忽然出现了彩虹。2005年总务院长法长和尚留言捐赠自己的大体，在告别式当天，首尔繁华市区晴朗的天空，出现彩虹的现象也成为话题。

　　这些不可思议的现象，或认为是来自平日高深的修行功力。特别是在荼毗火化后出现的舍利，也认为是因有法力所致。但也有法师遗言火化后不要拾取舍利，意味不要将舍利作为评价法力的根据。像这般即使到最后临终，还坚持修行的态度，正是出家人的人生。

望月寺（京畿道议政府）

山寺的一天

道场释

　　凌晨三点，大地还笼罩在黑暗的时刻，山中佛寺的一天，比世俗的一天更早开始。此时，清澈的木鱼声扬起，彷佛在停止的寂寥之中，冲破黑暗，降伏无明，唤起了宁静的山寺。这是准备早课的道场释，叫醒了沉睡在梦乡的众生。穿着袈裟的法师敲打着木鱼，口诵《千手经》，巡回绕着佛寺各处。道场释是在早课之前净化道场的一种仪式，为的是除去污秽不净，让道场成为神圣洁净的场所。道场释响起的木鱼声，唤醒僧众，准备早课，迎接一天的来临。

钟声与四物

　　道场释结束以后，接着法堂内的钟声响起。法师一边念诵历代祖师偈诵，一边撞钟，唤醒地狱、天上世界的众生。钟声之后是敲击法鼓、木鱼、云板、梵钟四物，此时山寺天色破晓。打击四物法器，是为普度众生，各具有象征意义。法鼓是为陆地畜生，木鱼是为水中鱼类，云板是为虚空中的无主孤魂，梵钟是为地狱众生。木鱼雕成鱼形状，云板如天上漂浮的云朵，梵钟接近地面悬挂，与西方将钟悬在高处不同。特别是梵钟清晨黄昏各撞三十三次和二十八次，祈愿从天上到地狱，法音宣流。

云板、梵钟、木鱼（自左而右）

通度寺早课礼佛

早课礼佛

　　大部分的佛寺在凌晨四点进行早课。原则上，寺内所有僧众都必须参加感谢佛、菩萨、历代祖师恩德的早课礼佛。法师穿着袈裟和长衫，袈裟最初是佛陀捡拾丢弃的布块补缀而成的，意在告示弟子恪守朴实谦虚的戒律。法师若经常借故或偷懒不参加早课，会被逐出寺院。

　　曾有位老和尚，以其宽厚仁慈感化了不参加早课的法师。老和尚在早课完后，前去探望没来早课的法师，法师受到良心自责，承诺不再缺席。

清晨精进

　　早课礼佛结束以后，法师各自回寮房精进。也有法师留在法堂诵读佛经、进行一百零八拜，或在讲院看经，在禅院参禅。参禅时依照竹篦声精进，参话头时，大和尚手持约两米长竹篦（韩称：将军竹篦），用来警策在座大众不可懈怠。

　　在此时，相当于俗世厨房的山寺香积厨，正忙碌地准备供养大众的斋饭。如《食时五观》说："正事良药，为疗形枯"，食物是为了健身疗病的药物，並非为满足口腹之欲，"为成道业，应受此食"，饮食是為了成就道業，故仅摄取基本所需，令色身可以继续精进。从前在佛寺都是用柴火大灶蒸米饭，这种传统的方法，目前已逐渐消失了。用柴火大灶蒸米饭最合适，从前多在山林拾取木柴，是僧众出坡重要作务之一。随着时代的向前进步，现在使用天然气的地方增多。用大灶煮饭能烧出锅巴，据说，梁山通度寺的锅巴颇为香脆可口。

海印寺清晨参禅

朝粥

一般佛寺朝粥时间最迟不晚于六点。依照禅林传统，时间一到都聚集在大众房，开始供早斋。从佛陀时代乞食发展形成的过堂，含有坚持无所有，克制物欲，过简朴生活的意义。用斋之前，"计功多少，量彼来处"，默默感谢所有辛劳的人，并祈祷十方施主，增益福田，誓愿精进不已。钵盂中即使是一粒饭、一块残渣都不可留下，得干干净净食毕。结束时，用洗钵碗的清水，施食给饿鬼众生，可以感受到佛陀的慈悲。过堂用斋后，通常召开"公事"，决议佛寺大小事务，或是公告事项。

出坡

在过堂后，上午多为清扫道场的出坡。如同早课一般，所有僧众都参加。在禅林清扫道场等作务劳役，也是一种修行功夫。扫尽前庭尘埃，反观初发心，瞬间也可以调理起伏的心境。

也有佛寺普请大众，上下合力，执行劳役。各寺院也有传承下来有名的出坡。如梁山通度寺每年酿酱坯，腌制酱类时，从老和尚到行者，一律参加。出坡时，年长的一辈自然将寺中独门的手艺传授给晚辈。陕川郡海印寺冬安居结制之前，普请大众合力腌渍过冬泡菜也很有名。大水槽中堆积如山的萝卜和大白菜，或大众一起腌渍泡菜的场面，蔚为壮观。为在寒冬腊月之

仙岩寺过堂（全罗南道顺天市）

凤岩寺出坡（庆尚北道闻庆市）

中，储存食物，僧众挑拣着白菜和萝卜，愉快地交谈，悠哉自在，乐趣无穷。松广寺一到秋天，有去田园采收芝麻叶的出坡。每年用大豆酱腌制芝麻叶，经过腌制多年的咸芝麻叶，其味道之美是在佛寺外面品尝不到的。而大部分的比丘尼寺院，都亲自开辟菜园，种植蔬果，日常需要，皆能自给自足。所以百丈禅师立下"一日不作，一日不食"的清规，就是告诫修行者不要偷懒懈怠。

大众使用的棉被或垫子等的清洗，也是靠出坡来完成。个人的衣物在有空的时候，由自己动手洗涤。棉或土布材质的僧服，洗完后得上浆烫平，这是提醒出家人时常注意行住坐卧的威仪。穿着烫得笔挺的僧服，参禅时若稍摇摆打瞌睡，常会有发出沙沙声音的情况。

没有出坡的时候，则各自担当在佛寺的职责，或是个别精进修行。

巳时佛供和午斋

巳时（指上午九点至十一点之间）大众再回到法堂，进行礼佛，称为巳时礼佛，或巳时佛供。结束以后就是中午的素斋。传统的午斋，是在大众房供斋。但是近来佛寺为大众提供素斋，已相当普及化。

献给佛陀的巳时佛供，是一日一食，也就是说佛陀一天只摄取最基本的饮食，午后便不再进食，将心思专注在修行精进。有不少法师效法佛陀一天进食一次，或只用朝粥和午斋，即所谓过午不食。

自由精进

巳时佛供和午斋之后，佛寺的作息稍微放缓，此时法师们拥有属于个人的时间。大部分为了修行，单独进行冥想，或是在山林中散步，或是彼此结伴品茗对谈。通常佛寺举办活动时，会在大众房进行喝茶对谈，此时应注意礼节，不要妨碍修行，同时要经过同意以后，才能参加喫茶对谈。

在佛寺日常使用的物品，称为常住物。大众使用的物品和个人物品是分开的。常住物由佛寺常备，但个人的物品，自行准备。曾有位老和尚恪守公私分明的清规，其轶事到今仍被修行者奉为圭臬。老和尚在处理公务的时候，用佛寺准备的煤油点灯，在打理个人事物的时候，用自己买来的煤油点灯。

僧物是指出家人经常随身携带的物品，有袈裟、长衫、钵盂和背囊。在外出或是云游四方时，将必要的物品放入背囊，是无所有清贫的象征。法师背着简单的布囊，行走在林中的容止仪态，那本身就是无比的信心。

出家人在规定的日子里进行剃发，农历初一或是初十五。剃发有除去诸多烦恼和妄想的含义，为的是显现出家人一心一意精进修行的面貌。

晚斋和晚课

晚上的过堂比俗世来的早，通常下午五点就用晚斋。用斋以后，暂时休息一下，大众集聚法堂，进行晚课。如同早课一样，伴随着四物的敲响，揭开晚课序曲。

彻夜精进和就寝

　　晚课结束以后，各自修行精进。约在晚上九点以后就寝。但有些法师彻夜不眠精进，也有法师阖眼不到一两个小时，所以从佛寺房间窗纸照射出的亮光，经常是灯火通宵。

　　法师们在结束一天作息以前，通常进行自恣，针对修行举发忏悔所犯之过错。从前有位出家人整天目不斜视，勇猛精进，但睡觉之前，两腿伸开，放声大哭。那是因为未能达到期许的严厉修行，所留下来的遗憾。所以在山寺，修行者经常是在紧张，不敢懈怠的状态之中度过每一天。

韩国的佛教文化

-
佛寺所蕴含的象征与意义
-
法会和佛教节庆

佛寺所蕴含的象征与意义

　　韩国是有五千多年历史的国家，佛教的传来，经国家认可有一千七百多年。佛寺可说是一千七百多年来佛教历史变迁的最好见证。即使至今，佛寺还传承保存着韩国的佛教文化和传统文化，有着无数的求道者在这里学习佛陀的教诲。因此，佛寺不是走马看花，只尽饱眼福的地方。

　　佛寺的一切，传达着活生生的信息。有时是让人观照自己内心；有时是让人默默地手牵着手，想暂时休息一下。是一个用心打造，欢喜迎接来访者的地方。佛寺所有的一切，不但含蕴着佛陀的真心和教诲，也通过各种象征手法显现佛陀的教导。在各种象征所组织成的架构之中，有以须弥山为中心的世界观。

佛寺的建筑构造和须弥山

朝山之路，不是朝山而已，那是向着佛陀求法的道路。虽然佛无所不在，但为众生常住于宇宙最高的须弥山顶处。在佛寺的法堂里，将佛所在之处称是须弥坛。为了亲见在须弥山顶处的佛陀，我们开始一场漫长的旅程。那么，出发地点在哪儿？就是我们所居住的南赡部洲。

与佛陀同时期的古代印度人，认为须弥山在世界中央，须弥山的山根有七重金山，间以七重香水海，九山八海重重围绕，在最外围大咸海的四方有四大洲，其中位于南方的称南赡部洲，也就是我们所居住的地方。须弥山往上是欲界六天，从陆地上来看，最高的是须弥山顶上。也就是说，朝山之路是为了观见在须弥山顶处的佛陀，因此我们得走上一条漫长的道路。

然探访寺院的路途并非平坦顺畅的，如同上山途中生起的各种杂念一般，处处是阻碍，唯有步步调伏心绪，克服难关，才能登上山顶，见到须弥山顶上的佛陀。所以，探访寺院不是走马看花，或尽饱眼福的旅游，而是观照疗愈心灵的旅程。那么，静下心来，一起登上须弥山最高处，去见佛陀吧！

松广寺（全罗南道顺天市）

从极乐桥到一柱门

不论是处于闹市的佛寺，或是位于深山的佛寺，都可以用须弥山来譬喻。从极乐桥到佛寺入口一柱门的路程，就是从南瞻部洲前往须弥山时翻山渡海的象征。

极乐桥

进入佛寺之前，我们经常是穿过溪流，拾级走上小桥。但此桥非寻常之桥，是从南瞻部洲前往须弥山，为渡八海所搭起的桥梁。这座桥引导苦海众

松广寺虹桥（全罗南道顺天市）

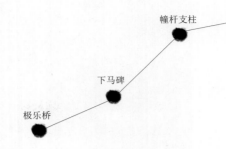

松广寺下马碑
（全罗南道顺天市）

生投向佛陀的怀抱，因此又叫极乐桥、解脱桥。有的极乐桥在桥拱底下雕有龙首，据说是守护佛门圣地的避邪之物。妖魔外道其实是在人心中，走过这座桥是要告诫人正心诚意的意思。

下马碑

在快到达佛寺入口一柱门之前，可看到刻有下马碑的立碑。从前骑马乘轿而来的人，即使是权贵大官，到此都要下马，步行进入。在此，众生皆佛陀弟子，躬身求之，才能接近真理。

幢杆支柱

一柱门前所竖立的两个大石块，是用来支撑铜铁柱旗杆的柱石，称为幢杆支柱。虽然现在多不使用，但从前用来悬挂寺院的旗帜，诸如告知佛事活动或所属宗派。最为重要的是，宣知此处是佛陀常住说法的圣地。

金山寺幢杆支柱
（全罗北道金堤市）

月精寺一柱门（江原道平昌郡）

从一柱门到不二门

从我们所居住的南瞻部洲出发，跋山涉川，终于到达须弥山入口。时时不忘初发心，毫不犹豫来到这地步，当然誓愿登上须弥山山顶。那么，通过三或四道门，就可向须弥山顶上迈进。

一柱门

一柱门是进入佛寺，即佛陀世界的第一道关门，也可说是须弥山的入口。一柱门的意思不是说山门是一根柱，而是山门柱子如一字排开，故称一柱门。在一字形状的柱子上架筑屋顶，象征着一心的含义。意思是经过长途跋涉，将纷乱的心绪沉淀下来，放下分别心，一心一意踏进此门去参见佛陀。一柱门的匾额，通常不写一柱门三字，而是写某山某寺，也有写曹溪门的情形。

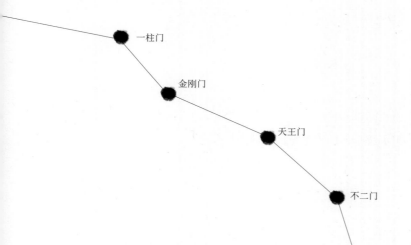

一柱门

金刚门

天王门

不二门

金山寺金刚门（全罗北道金堤市）

金刚门

　　一般接着一柱门迎来天王门，但在一柱门和天王门之间，也有是金刚门的情形。没有金刚门的话，在天王门门上绘金刚力士。金刚门内两位金刚力士，怒目狰狞，守护着来往众生，担当降伏一切外道魔鬼的任务。两位金刚力士分别是那罗延金刚、密迹金刚，都是佛教护法神。那罗延金刚力大无比如百只大象，嘴形张"阿"，又称阿金刚力士。密迹金刚因有本誓，闻知佛的秘密事迹，故名密迹。密迹金刚嘴形张"吽"，又称吽金刚力士。阿、吽都是人类宇宙根本法音，阿是第一声，吽是最后一声，阿与吽合音为唵，"唵"涵摄宇宙由始而终，万物皆由唵的振动产生，是无穷无尽的声音。

天王门

　　四天王所在之处为须弥山半腹的犍陀罗山，是居住在四天王天的天神。因叹服佛陀的说法，誓愿成为护法神将。四天王是持国天王、增长天王、广

四天王门

目天王、多闻天王，手中各持有刀、龙和如意珠、三戟枪和宝塔、琵琶等，镇守东西南北四方。天王脚下踩的是罪业深重的众生，那众生或许就是在你我心中的魔障也说不定。求道的路途漫长，在到达佛陀所在的佛国之前，还要继续不断地省察自己的内心。

不二门

不二门是进入佛陀所在的佛国世界的最后一道山门。不二又作无二，指对一切现象应该无分别。如登上山顶与天地合而为一的刹那，超越人间你我，事物是非的差别，是所有烦恼消失，称为解脱的境地。所以，不二门也叫解脱门，进入此门就是佛国净土。

梵钟阁与四物

　　走出不二门，便可看到梵钟阁或是梵钟楼。梵钟阁陈列梵钟、法鼓、木鱼、云板四物，此四物是救度众生，弘扬佛陀教诲的法具。

　　或说梵钟是为拔救天上和地狱的众生，故清晨撞钟二十八次，黄昏撞钟三十三次，有各种的说法。但是一般解释是为唤醒欲界六天与色界十八天及无色界四天的二十八天界众生，以及开启关闭忉利天三十三天之门的意思。

　　佛教譬喻佛之说法如鼓，法鼓是为救度陆地上所居众生。两面鼓皮采公牛和母牛皮革，象征阴阳调和。云板以青铜或是铁做成云朵模样，是为拔救天空飞翔的鸟类或是虚空界的灵魂。木鱼是为拔救水中众生，以木头雕成水中游鱼形状，使用小棒槌敲打鱼腹，发出声音。同时也借鱼类经常目不阖睛，来激励僧众时时刻刻勇猛精进。

通度寺梵钟阁（庆尚南道梁山市）庆尚南道梁山市）

法堂与佛陀

进入法堂

佛光普照的佛国土

过了不二门或是梵钟楼阁，通常是佛寺的前庭，来到了佛国土，眼前迎来佛陀所在的法堂（大殿）。从南瞻部洲跋涉千山万水，历尽千辛万苦，终于来到须弥山，得以参见佛陀。

一般大殿前面有以石块筑成高起的平台，让大殿位置高于前庭。石筑台多为白色花岗岩，或是以白土扎实地粘着。使用白岩石或是白土的原因，是为了利用自然光。当阳光照在白岩石或是白土上时，产生反射，阳光射到大殿内佛像的身上，而营造出殿内大放光芒的效果。从这建筑手法，可以看出韩国人的智慧，运用自然光来呈现佛光普照，壮丽庄严的佛国世界。

佛之家，真理之堂

法堂最初叫金堂，称为金堂的原因之一，是因佛身现紫金色，百福庄严相，所以也称佛为金人。故金堂是指堂内安奉金色佛像，或是迎请佛说法的地方。法堂也称讲堂，此处法的意思是指佛陀的教诲，也就是真理。因此法堂是世尊演说大法之堂，是传授佛法之处，是真理炳然照耀之处，是真理无所不在的地方。

初次来到佛寺的人，一般往往徘徊在大殿外面，犹豫不决是否要进入。既已来到须弥山的山顶，不妨鼓起勇气，进入佛国净土吧！即使不是佛教徒，但相信自己，抱持着互相尊重的心，进入大殿吧！不理解的地方，请教别人解说或协助，言语不通，比手画脚也行。安静地端坐在佛像之前，体会庄严的佛国净土。待心有感受就双手合十，跟着礼佛，这是百闻不如一见，一见不如实践。

海印寺（慶尚南道陜川郡）

无所不在 无以计数的佛菩萨

　　佛寺里有许多佛，为什么会有那么多尊佛呢？第一，根据佛教的各种义理，能成就很多佛。因都能成佛，所以佛寺内不只供奉一尊佛。第二，由于众生对佛有各种不同的祈请，所以有各种不同的佛，以因应众生的要求。如毗卢遮那佛、释迦牟尼佛、阿弥陀佛、药师佛等。

　　佛寺内不仅供奉很多佛，也供奉菩萨。佛是已经成正觉者，菩萨是通过修行将成正觉者。我们常说菩萨是上求菩提，下化众生。佛寺内的菩萨也是有好多位，如观世音菩萨、地藏菩萨、文殊菩萨、普贤菩萨等。除此，尚有诸如佛陀弟子等多位眷属，一起供奉在佛寺里，像罗汉、护法神众、山神、龙王等。

法堂与佛菩萨

寂灭宝宫

寂灭宝宫是安奉释迦牟尼佛真身舍利的地方。安奉真身舍利的佛殿，里面佛坛上没有佛像。这是因为真身舍利就是代表佛陀，因此殿内不另外供奉佛像。寂灭的意思是烦恼皆灭，是"如来所入禅定"的境界。韩国有五大寂灭宝宫，分别是雪岳山凤顶庵、五台山上院寺中台、太白山净岩寺、狮子山法兴寺、灵鹫山通度寺。

大雄殿

一般大雄殿内的主尊像是释迦牟尼佛。"大雄"为佛之德号，出自《法华经》赞叹佛："善哉！善哉！大雄世尊"，释迦牟尼则是指"释迦族之圣者"的意思。两千六百余年前，佛诞生来到娑婆世界，以其智慧和慈悲教化众生。迄至今日，仍有无数人仰慕佛的慈悲，追求觉悟的智慧，不断地精进。

大雄殿内释迦牟尼佛像左右有文殊菩萨、普贤菩萨胁侍，文殊菩萨代表智慧，普贤菩萨代表慈悲与行愿。也有供奉释迦牟尼佛、药师佛、阿弥陀佛三尊，称三宝佛或三世佛。

直指寺大雄殿
（庆尚北道金泉市）

1 海印寺大寂光殿（庆尚南道陕川郡）
2 无量寺极乐殿（忠清南道扶余郡）
3 观龙寺药师殿（庆尚南道昌宁郡）

1
2 3

大寂光殿

大寂光殿内的主尊像是毗卢遮那佛。毗卢遮那佛是《华严经》中的教主，象征永恒真理的法身佛。毗卢遮那的意思是照耀或光明，而寂静中智慧光明遍照，称为大寂光。亦即《华严经》中所说"大寂静"或"大寂定"的境界，在此境界所有的烦恼消失，且因"涅槃寂静故，实相自显现"。

由手印很容易辨识毗卢遮那佛，毗卢遮那佛持智拳印，双手上举至胸中，左手握拳，食指直竖，以右手五指握住，称智拳印。一般毗卢遮那佛两侧共祀卢舍那佛和释迦牟尼佛，称三身佛。

极乐殿，无量寿殿

极乐殿内的主尊像是阿弥陀佛。阿弥陀佛是西方净土教主，因是佛所住无五浊垢染之国土，故称清净土。也因其佛国众生无有众苦，但受诸乐，故名极乐。阿弥陀佛梵语是无量寿命、无量光明的意思。阿弥陀佛身上的光明能照耀无数众生，并救度亡者前往极乐世界。受苦受难的众生，只要虔诚地称念阿弥陀佛名号，都可以到达极乐净土。阿弥陀佛的胁侍通常是观音菩萨和大势至菩萨，但有时以救拔地狱众生的地藏菩萨替代大势至菩萨。

药师殿，琉璃光殿

药师殿内供的主尊像是药师如来佛。药师如来所在是东方琉璃世界净土，担当治疗众生疾病，拔救灾难之责，并引导众生获得无上菩提。药师如来手中持医治众生苦痛之药盒，两旁各有日光菩萨和月光菩萨胁侍。

弥勒殿，龙华殿

弥勒殿内供的主尊像是弥勒佛。弥勒佛是在五十六亿七千年后将降生娑婆世界的未来佛。弥勒的意思是慈悲、有情，它于久远的未来在龙华树下成道，经过三次说法，救度众生三百亿，称龙华三会。然五十六亿七千年对现世众生而言，仅是数字而已，为了拔度众生所受苦难，无不祈求弥勒菩萨能立即下生娑婆世界。

观音殿，圆通殿

观音殿内供的主尊像是观世音菩萨。观世音菩萨所在是普陀洛迦山，能听闻众生疾苦，拔苦与乐，是慈悲的化身。由于观世音所证之耳根圆通为最上，通融无碍，故有圆通大士别号。观世音菩萨能现众多妙容，或现四十二臂，或现千手千眼，或现十一面等。因应不同众生的要求，化现多首、多臂、多目的方便与智慧法门，来满足一切众生的心愿。

地藏殿，冥府殿

地藏殿内供的主尊像是地藏菩萨。地藏菩萨曾发愿"地狱不空，誓不成佛"。冥府殿是审判亡魂下辈子将转生何处的地方。里面的十位冥王如同法官进行审理，地藏菩萨则如同是律师，希望能将亡魂引导至最好的地方。如此来看，地藏菩萨不仅与来世有关，在现世也是功德无量。

1 直指寺观音殿（庆尚北道金泉市）
2 永华寺弥勒殿（首尔市）
3 禅云寺冥府殿（全罗北道高敞郡）

1 2
3

1 法住寺八相殿（忠清北道报恩郡）
2 海印寺藏经阁（庆尚南道陕川郡）
3 直指寺应真殿（庆尚北道金泉市）

灵山殿，八相殿

　　灵山殿缘起于世尊在灵鹫山说法，当佛陀在灵鹫山时，弟子云集一堂，请求开示传法。因此，在灵山殿除了有释迦牟尼佛主尊像以外，还有佛陀的弟子，或是绘佛陀一生行仪的八幅图画，称为八相图。因安置八相图，所以又称八相殿。

应真殿，罗汉殿

　　应真殿或罗汉殿，是供奉佛陀弟子中修到阿罗汉果位的佛堂。阿罗汉是断尽烦恼、修到最高果位的圣人，也称罗汉。又阿罗汉为应于真理之人，故亦云应真。应真殿一般安奉十六罗汉，或十八罗汉，或五百罗汉。罗汉的形象为修行者的面貌，与佛或菩萨又不同。韩国的罗汉造型与人生百态相映成趣，给人不少亲近感。

大藏殿，藏经阁

大藏殿或藏经阁是保存佛经经版的地方。由于佛经是属于三宝中的法宝，因此也称法宝殿。因保存佛经经版，也称板殿。大藏殿佛坛中央多供象征法身佛的毗卢遮那佛，或是为众生说法的释迦牟尼佛。

祖师殿

祖师殿是为缅怀祖师德泽，或是安奉佛寺开山、重创宗风祖师大德的地方。祖师可指开创宗派的人，称作开祖；或是传承宗派教法的人，称作列祖；或是足以为道范的高僧；或是振兴家风的大师。

三圣殿

三圣殿的三圣是指炽盛光如来（七星如来）、独圣尊者、山神三位神祇。三位神祇如分开各自奉安，分别是七星阁、独圣阁、山神阁。"七星"是指北斗七星，是佛教摄入北斗七星的信仰，以象征北极星的炽盛光如来和象征北斗七星的七星如来组成，掌管消灾延寿。一般向七星如来，祈求子孙长命百岁。

独圣尊者一般指那畔尊者，是在末法时代独自在天台山修行，誓愿救度众生的阿罗汉。被绘成白发银须，闲适如仙人的老者模样。

至于山神，韩国领土中大部分是山地，自古以来，崇山信仰就极为发达。在古代以农业生活为主的社会，山神可说是庇护人们衣食住生活的重要神祇。山神身旁经常有老虎伴随，山神信仰与其说是佛教固有的信仰，不如说更接近民间原始信仰。

把溪寺山神阁
（大邱广域市）

壁画

壁画不只有庄严佛堂的功能，更能以视觉形式传达佛陀的教法。虽有各种不同的题材，最具代表性的是八相图和寻牛图。

八相图

八相图是将佛陀一生重要行迹分八个主题所描绘的佛画。

第一兜率来仪相，住在兜率天的护明菩萨乘六牙白象，自天而降。护明菩萨是释迦牟尼佛在天宫之号。

第二毗蓝降生相，释迦牟尼佛在蓝毗尼园降生，为净饭王和摩耶夫人之子。

第三四门游观相，太子出游四门，见人间生老病死之苦，在北门遇到修行者，下定决心出家。

第四逾城出家相，太子半夜逾城，离亲出家。

第五雪山修道相，太子出家，在雪山苦行六年。

第六树下降魔相，太子在菩提树下，降伏外道众魔，成正等正觉。

第七鹿苑转法相，佛陀在鹿野苑转法轮，度化五比丘。

第八双林涅槃相，佛陀在娑罗双林间圆寂涅槃。

寻牛图

寻牛图又称十牛图，是禅宗以寻牛的十个过程所绘的作品。将心比喻为牛，用图像呈现从修行到解脱真面目的过程，属禅宗绘画。

第一寻牛，为寻找真心，开始修行。

第二见迹，看到牛的足迹，对于真心好像约略有些懂了，但还没开悟。

第三见牛，见到了牛，还没有见到自己，还要近点看清楚些。

第四得牛，已寻获真心，但是烦恼还未消失。

第五牧牛，烦恼已无，要防放牛吃草，让清净的觉性不生起障碍。

第六骑牛归家，放下妄想，返璞归真。

第七忘牛存人，牛不见了，只有菩提心。得菩提心，不去想牛的存在。

第八人牛俱忘，不再有我执的分别心，只存空性的境界。

第九返本还源，回到本源，本来清净，不受一尘，现圆融无碍的世界。

第十入廛垂手，返回市廛尘世间，以自我的觉悟经验，教化众生成佛。

1 2 3 4 5
6 7 8 9 10

松广寺寻牛图
1 第一寻牛
2 第二见迹
3 第三见牛
4 第四得牛
5 第五牧牛
6 第六骑牛归家
7 第七忘牛存人
8 第八人牛俱忘
9 第九返本还源
10 第十入鄽垂手

海印寺石灯和石塔
（庆尚南道陕川郡）

佛塔，石灯，浮屠

佛塔

　　在大殿前面通常竖立一座或两座石塔，塔内奉佛陀真身舍利或经书，被视为是神圣之物。塔不是一般坟冢或建筑物，是佛陀和其教法的象征。塔因是佛陀的象征，礼敬佛塔即是礼敬佛陀，所以许多人对着塔或旋绕着塔礼拜。在佛寺外围周边，也经常可看到用小石块堆积成的小塔，这是乘载人们心愿的祈愿小塔。

　　佛塔在不同的国家发展出不同的塔样式，韩国以石塔居多，中国是砖塔，日本是木塔。可见韩国因出产质地优良的花岗岩，及精湛石雕技术，而有不少石塔杰作。具有代表性的作品，如佛国寺释迦塔和多宝塔、扶余定林寺址五层石塔、庆州感恩寺址三层石塔等。当然，也遗有一些砖塔和木塔。

石灯

石灯通常在大殿前庭、佛塔或浮屠前面。石灯的用途虽然是安置灯火，但在佛寺是一个很重要的象征物。在佛寺灯火象征是智慧、佛法、觉悟。用来譬喻佛陀成正觉的智慧，如同灯火照耀着众生黑暗的人生。

浮屠

浮屠或是僧塔碑通常安放在佛寺较为清幽的地方。佛塔是安奉佛陀舍利或经书的话，那浮屠是安奉高僧舍利的纪念物。浮屠是在僧人圆寂后，为追思高僧的嘉言懿行所造。统一新罗末期以后，由于禅宗的兴盛，促成许多浮屠的兴建。对禅宗而言，传承祖师衣钵，为理所当然之事。弟子供奉祖师的舍利，也就是代代一脉相传的象征，这种传统延续至今。

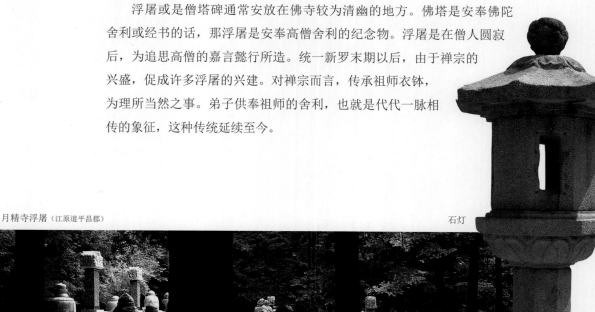

月精寺浮屠（江原道平昌郡）

石灯

法会和佛教节庆

法会的意义

法会是指说法或其他供佛、供僧等佛教活动的集会。佛陀在世时，弟子若得到佛陀的同意，也可代佛陀讲经说法。因此，今日的法会可说是象征传承佛陀教法的集会。法会也可说供佛，或是用"斋"表示。斋的意思是洁净身心，用洁净的身心供佛和僧，并持戒和祈祷，希望获得佛陀的智慧和慈悲。目前韩国佛寺有各种不同的法会，如每周每月定期举行的法会，或是在佛诞节时所举行的特别法会。

定期举行的法会，如传统的农历初一和初十五法会，但为配合现代人的生活，也在星期日或特定的日期进行。以拜佛为主的法会，有地藏斋日（农历每月十八日）、观音斋日（二十四日）、药师斋日（八日）。特别法会如佛诞节的奉祝法会、出家受戒法会，以及尊重生命可贵的放生法会等。

并不是所有的佛寺都进行这些法会，依照佛寺的条件情况颇为不同。但大众参加法会的心却是无差别，都是以恭敬之心，虔诚供养三宝，祈求能获得佛陀的教诲，和广大无边的智慧与慈悲。

佛教的五大节日

佛诞日（农历四月八日）、佛成道日（农历十二月八日）、佛出家日（农历二月八日）、佛涅槃日（农历二月十五日）为佛教的四大节日，若加上盂兰盆节（又称百中，农历七月十五日）则合成五大节日。在每个国家或地区，佛诞日各不相同，这是因为传来的经书记载不同，以及使用不同历法的关系。如在东北亚地区的韩国、台湾、香港等都是农历四月八日，日本是阳历四月八日。尼泊尔用尼泊尔历法是一月十五日，东南亚地区的泰国、缅甸、寮国、柬埔寨、斯里兰卡、印度等依印度历法是农历四月十五日。

佛诞日

农历四月八日（阳历约五月左右）是释迦牟尼佛降生世间的日子。韩文佛诞日用"四月初八日"或"初八日"表示。在这天，全国的佛寺举行奉祝法会和相关的活动。

每逢佛诞日快来临时，民众开始在佛寺或是街道挂上莲灯，赞叹并迎接佛陀的到来。特别是提着制作多采多姿，灯火闪烁的灯笼，于街道游行的燃灯节，已经成为世界有名的节庆。灯火象征着智慧，象征着慈悲，民众虔诚地点灯，许愿世界上充满佛陀的智慧和慈悲光明。

佛诞日奉祝法会中有为佛沐浴的浴佛仪式。此仪式来自悉达多太子诞生时，天上九龙吐出五色香水，为太子洗浴的传说。通过此仪式，众生也洗涤自身贪欲污垢，求得清净智慧，达成成佛的心愿。

1 观音寺（济州岛）
2 奉恩寺（首尔市）

成道斋日

农历十二月八日（阳历约一月左右）是佛觉悟成道的日子。在这天一方面缅怀佛成道的意义，也是下定决心追求觉悟成道的日子。一般佛寺在成道日前七天精进，也有一周期间不分昼夜禅修。通常是在成道斋日前一天晚上到次日早晨勇猛精进。因为佛在凌晨觉悟正法，因此在前一天，为祈愿佛法长流，彻夜悬挂莲灯，让灯火通宵达旦。

佛出家日和涅槃日

农历二月八日（大约是阳历三月）是佛出家的日子。佛之所以决心出家，乃是为"普度众生苦难，除去迷惑障碍，断除成见执着，脱离六道轮回之苦。"故在这天也是效法佛，发心出家大愿的日子。

农历二月十五日（大约是阳历三月）是佛涅槃的日子，佛陀在涅槃时，留下遗言说"世间无常，你们要念兹在兹，精进修行"。从出家日到涅槃日是七天，从1996年开始，订为佛教徒精进周，实践佛陀的教诲和修行菩萨道。

盂兰盆节

盂兰盆节是农历七月十五日。又称百众或百种。这天是佛陀弟子目连尊者救度母亲脱离饿鬼道的日子。遵从佛陀所教导，在七月十五日夏安居最后一天，敬备斋饭，敬佛供僧。因有目连救母的由来，所以盂兰盆节也是缅怀父母和祖先的日子。盂兰盆来自梵语乌兰玛拉纳（ullambana），原是倒悬的意思。《父母恩重经》记载，众生死后堕入地狱，不是用脚走进地狱门，而是承受业障倒悬提挂。

盂兰盆会也是僧自恣日，在安居最后一天自己检讨或相互检举，进行反省忏悔，所以又称百众。同时准备百味五果，供养十方圣僧，以此功德救度

奉恩寺盂兰盆节（首尔市）

众生，故也称百种。迄今，举行盂兰盆节是为了效法目连尊者的孝心，借由佛力，希望为父母或往生祖先，将其从痛苦中救赎出来。佛陀指定七月十五日的原因，是因为那天为大众夏安居圆满结束之日，非常欢喜。以出家众精进的功德回向，可以让亡者往生天上或是净土的缘故。也就是说，结合出家众修行的功德和布施者供养的功德，可普渡众生所有的恶业。

佛寺的岁时风俗

　　一千七百多年前佛教传入朝鲜半岛以后，佛教对百姓的文化生活起了很大影响。特别是佛教不排斥其他宗教文化，广泛地吸收融入。所以，韩国佛教亦肩负了韩国传统文化的延续和发展。目前在佛寺里还可以看到逐渐被遗忘的传统文化面貌。以下介绍韩国佛寺所保存的岁时风俗。

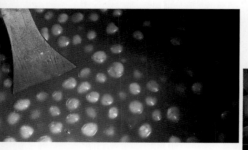

冬至

　　二十四节气是依一年太阳运行周期划分成的二十四个节气历法。冬至既是最后，也含有迎新意义。特别是在东方，冬至过后，昼长夜短，作为一年开始，所以称作小雪。冬至约是在阳历十二月二十二日或二十三日之间。所以冬至有一风俗，就是分送月历。在今天，冬至分送月历给大众的风俗，虽然已经消失，但是在佛寺里还是维持着这种风俗。冬至还有一种具代表性的习俗，就是食红豆粥。除了吃红豆粥之外，也在住家周围洒散红豆粥，或均匀地涂抹在墙上。人们相信红色的红豆粥，可以驱逐恶鬼，消除厄运。红色也是生命和光明的象征，在佛寺是举行祈愿一年平安的法会，同时与大众分食红豆粥。

立春

立春是进入春天的节气。从历法上来看，是在二十四节气中小寒、大寒之后的第三个节气。但是在季节上来说，是宣告春天的来临，是二十四节气的开始。大概是在阳历二月四日或二月五日。这天人们祈求一年的平安幸福，在门楣贴上各种春联。所需要的对联，有的是自己书写，也有是从佛寺里取得的。在佛寺有祈求一年顺利的法会，并举行消除当年所有厄运的仪式。

以立春为中心，一般在正月初以及初十五的元宵举行法会。年初法会是一年开始所举行的法会，一般在农历正月初三，大概举行三天或七天左右。元宵法会在正月十五日举行，不论在村庄或是佛寺都是重大的活动。为了祈求村庄的平安，有时村中举行活动时也请佛寺的法师一起参加。

特别是元宵法会也会一起办放生会。放生含有让生命重生的意思，将鱼类放回水中；或者是将鸟等动物，回归于大自然中；或是在山中散放食物，喂食野生动物；或是给失去自由的人，传达希望的信息等，放生是对尊重生命所实践的仪式。

七夕

七夕是农历七月七日（阳历八月左右），这一天是牛郎和织女每年相会的日子。在农村里有许多相关的民俗活动，例如女人在田野摆上水果，祈求得到做针线活的好手艺。或是为子孙长命百岁，把孩子的生辰八字写在布条上加上棉线团向神祇祈求，叫作命桥。七夕是佛教收容北斗七星的一种星宿信仰，行七星佛供，是以炽盛光如来为中心的北斗七星信仰。七星信仰中炽盛光如来象征北极星，七星如来就是北斗七星，掌管人间寿命和财库，人们为了祈求无病长寿，以棉线团向北斗七星神祇祷告。目前在佛寺还保存有命桥的习俗。

荐度斋

荐度斋是为了奠荐超度亡者，祈求能早日往生或前往极乐世界的仪式。前面所说的盂兰盆会，也是属于荐度的仪式。

累七斋

累七斋又称做七或斋七，是在佛寺里面经常举行的荐度仪式。累七斋是为亡者追福的仪式。在人死后七七日的每一七日，设斋追荐，愿其得以生天。人死亡后转生投胎大概是七天至四十九天之间，所以在举行葬礼后，从他去世的那一天开始，每隔七天举行，每次的做七决定来生的投胎。亡者家人做斋七，最大的心愿是引导亡者往生极乐世界。

水陆斋

水陆斋是为了救济水中或是陆地上所有孤魂饿鬼所举行的一种仪式。特别是，水陆斋是为四处游荡无子孙后代鬼魂所举行的仪式。从前认为国家若经常发生天灾地变，是因为有很多的孤魂野鬼未能得到超生，所以由国家来举办水陆斋。不过，现在大部分是在各地的佛寺个别举行。

为与自己毫无关系人的人举行水陆斋，不是一件容易的事，可这也就是菩萨心了。

灵山斋

灵山斋是展现佛在灵鹫山说法场景的仪式。一方面荐度亡魂，同时祈求国泰民安。仪式规模相当庞大，通常在户外举行，悬挂巨幅的挂佛，在挂佛前面设坛作法。这是赞扬佛陀功德的仪式，演奏各种乐器和以哼啰舞蹈展现出佛陀庄严的世界和教诲，然后进行对亡魂施食和追福。

生前预修斋

生前预修斋是在自己生前先做功德的一种斋会。在死亡之前，预先为自己累积功德，用俗话说就是先为自己做累七斋的意思。生前预修斋一般是在闰月时进行，所以是每隔两年至三年举行。由于闰月是"多出来的"，与平常月份不一样，因此不避讳触犯平时忌讳的事。自古以来，就有生前预修斋以闰月为佳的说法，不但今生，连来生的功德都可以同时修得。

韩国佛寺巡礼

- 参访佛寺礼节
-
韩国主要的佛寺

海印寺（慶尚南道陜川郡）

参访佛寺礼节

　　佛寺是为解脱所有烦恼，礼拜庄严佛陀以及修行的神圣道场。它是呈现宇宙真理的圣殿，是我们怀着虔诚的信仰，学习佛陀教导，实践修行的空间。

　　因此参访寺院时，应该注意服装的穿着及怀抱着恭敬心，遵守佛寺最基本的礼节。

合掌

礼拜礼仪

叉手

是平常不用手时的一种姿势。一只手搭在另一只手的手背上面，两手交叉重叠，轻轻地放在丹田的位置，表现出谦虚和寂静的感觉。

合掌

双手合掌是佛教很特别的问讯礼节。两掌合十，上举在胸前，双手合十表示初发心始终如一，以及无分别心。

敬拜礼

礼敬三宝（佛、法、僧），是对三宝的恭敬，也是让自己谦卑的礼仪，因此礼拜也是佛教修行方法之一。谦卑无我，是佛陀的教诲之一。

半拜

半拜是双手合掌，头和腰自然地向前倾四十五到六十度左右后，身子再挺直。一般是从一柱门或山门走向大殿时，或在室外见到法师时，或是信徒之间相遇时，无法行五体投地的情况下，行半拜礼。

五体投地

五体投地是指身体的双膝、双肘、及头五处着地的行礼方式。和印度或是西藏地区，将全身趴在地面的致敬礼不太一样。通常在佛堂礼佛，开始读经之前，或者在室内拜见法师时行五体投地。一般行三次，表对三宝的恭敬。行一百零八拜、千拜、三千拜时也要五体投地。

参访佛寺的基本礼节

有一句话说："到了罗马，就要遵守罗马的法律"，意指入境随俗。虽说如此，对所有来到韩国佛寺的朝圣客，无法强制要求遵守韩国佛寺礼节。但是如果能遵守基本的佛门礼节，就不会只有表面肤浅的认识，可以从中体验到栩栩如生的佛教文化。

◎ 避免穿太华丽或者暴露的衣服，衣着应端庄整洁。

◎ 佛前宜准备香、蜡烛、鲜花、水果、米等来供养。

◎ 在佛寺内行走路两侧，避免穿越中央道路、中央台阶及佛堂中央。

◎ 经过一柱门或大殿中央时，朝向大殿行半拜礼，养成实践佛寺的礼仪文化。

◎ 佛寺内不可大声喧哗，或者奔跑。

◎ 佛寺内不可喝酒、吃肉或吸烟。饮酒之后，请不要进入佛寺。

◎ 情侣应避免牵手揽腰等过度亲密的动作，佛寺非旅游观光区，是神圣的修行道场。

◎ 佛寺内所有物品皆是属于三宝的贵重公共用品，应该加以珍惜。使用后请物归原位。寺内的钟鼓法具，未经许可，勿随意敲击。

◎ 鼓起勇气进入佛堂吧！记得别从中间门进去，而是从两边侧门脱鞋进入。一进入佛堂，立即朝向佛坛上的佛像行半拜。

◎ 接着可以上香，如果香炉里面已经有燃香的话，可拿来使用。

◎ 可坐在佛殿内，反观省察自己的内心。坐之前，如先行三次五体投地的话更好。若不知行礼方法，可以跟着别人一起做，或者请人教导。

◎ 在佛寺用斋时，取用适当分量，不可剩余，浪费食物。同时对盘中飧所付出辛劳的人，心怀感恩。

韩国主要的佛寺

在韩国有很多的佛寺，其中有千年历史的古刹，也有近代新兴建的佛寺；有位于宁静深山的佛寺，也有处于繁华都会的佛寺。佛陀时代比丘所居住的阿兰若，选择离村庄不远不近的地方。离村庄太远的话，不易与大众亲近，太近的话，修行会受到干扰。由于在朝鲜时代佛教受到打压的关系，现韩国佛寺大多数在适合修行的山区，但也有不少是在都市内，方便大众修行和教化。在众多的佛寺中，以下从几个相关的主题，就其中具有代表性的佛寺加以介绍。

三宝佛寺

　　三宝是佛陀、佛法、圣众（僧）的合称，又称佛宝、法宝、僧宝。是三宝弟子应该礼敬的对象，因此韩国有三宝佛寺。通度寺因供奉释迦牟尼佛真身舍利，被称为佛宝寺；海印寺因保管佛陀教诲的八万大藏经经版，被称为法宝寺；松广寺自高丽时代以后，辈出十六位国师，被称为僧宝寺。

通度寺
（庆尚南道梁山市）

佛宝寺—灵鹫山通度寺

庆尚南道梁山市下北面通度寺路108号
电话：（055）382–7182　网站：www. tongdosa. or. kr

　　通度寺于新罗时代由慈藏法师所初建。公元643年慈藏法师从唐朝迎回佛陀舍利、佛所着袈裟和大藏经等。约公元646年，慈藏法师兴建通度寺，安奉佛舍利和袈裟。因此安奉佛舍利的寂灭宝宫成为通度寺最重要标的物，遂有佛宝寺之称。寂灭宝宫前方建有戒坛，因譬喻僧众持戒坚定如金刚一般，故叫金刚戒坛。

　　通度寺不仅是安奉佛舍利的佛宝寺，就其历史、规模以及禅修的声誉，堪称大佛寺，亦当之无愧。目前通度寺是大韩佛教曹溪宗第15教区本寺，管辖全国百余处末寺，海外十多处弘法分院。寺内建筑有极乐殿、药师殿、灵山殿、观音殿、龙华殿等诸多佛殿，同时山中各处有许多修行的佛庵，说明通度寺悠久的历史和规模。尤其，通度寺具备禅院、讲院、律院、念佛院四大院，为禅宗修行的大道场，称灵鹫丛林。灵鹫是指通度寺所在的灵鹫山，名字取自佛陀在灵鹫山说法，与印度灵鹫山名字是一样的。故通度寺一柱门上所书分别为"灵鹫山通度寺"、"国之大寺"、"佛之宗家"。

法宝寺—伽耶山海印寺

庆尚南道陕川郡伽耶面海印寺路122号
电话：（055）934‐3000　网站：www.haeinsa.or.kr

　　海印寺是新罗义相大师弟子顺应和利贞法师在公元
802年时开山。义相大师是新罗开创华严学的高僧，海印
寺是为了弘传华严思想所兴建的佛寺。海印寺的名字取自
《华严经》中所述"海印三昧"，依法藏解释："海印
者，真如本觉也，妄尽心澄，万象齐现，犹如大海因风起
浪，若风止息，海水澄清无象不现，（中略）所以名为海
印三昧也"。

　　海印寺主殿是大寂光殿，供奉《华严经》教主毗卢遮
那佛。目前海印寺为大韩佛教曹溪宗第12教区本寺，是推
广指导禅宗禅修的道场，海印寺同时也是禅宗丛林，称为
海印丛林。

　　海印寺位于深山峡谷里，进入之前的红流洞溪谷风景
秀丽，因此从一柱门到藏经阁，一路上山门和佛殿的伽蓝
配置构成非常优美的动线。海印寺被称为法宝寺，是因为
有保管着八万大藏经版的藏经阁，1995年被世界联合国科
教文组织指定为世界文化遗产，2007年大藏经版登录为世
界记录遗产。

海印寺（庆尚南道陕川郡）

陜川海印寺蔵経板殿(朝鮮, 国宝第五二号, 慶尚南道陜川)

僧宝寺—曹溪山松广寺

全罗南道顺天市松光面松广寺内路100号
电话：（061）755－0107　网站：www. songgwangsa. org

　　松广寺是新罗末期由慧璘禅师所建，确实开山年代不详。最初被称为松广山吉祥寺，是规模很小的佛寺。在高丽时代普照国师以此作为定慧结社的修行道场后，从此慢慢发展成规模宏大的寺院。定慧结社是对当时沉沦的佛教界进行反省革新的禅修运动，称作修禅社。朝鲜时代时改名叫曹溪山松广寺，沿用至今。

　　松广寺作为一个禅宗修行的传统丛林，从普照国师开始辈出十五位德高望重的国师。所以松广寺被称为僧宝寺，普照国师所倡导的修禅精神，对今日的韩国佛教产生重大影响。现松广寺为大韩佛教曹溪宗第21教区本寺，为禅修的综合道场，称曹溪丛林，传承着禅宗宗风。

　　寺内建筑以大雄宝殿和前庭为中心，以此同心圆形散落其他建筑。据说从前即使下雨，也不会淋到雨，可见当时建筑相当密集，比现在还多。目前有药师殿、灵山殿、地藏殿、圣宝殿、观音殿、国师殿以及几栋寮舍，仍可以感受到昔日松广寺宏伟的面貌。国师殿内安奉开山16位祖师画像，同时圣宝殿外壁所绘寻牛图，也引人注目。

凤顶庵（江原道麟蹄郡）

五大寂灭宝宫

大概在2500年前，释迦牟尼佛在印度涅槃。佛陀的弟子将佛火化后，拾得佛舍利，分别供奉在八个佛塔里面。公元前三世纪，印度摩揭陀国孔雀王朝的阿育王将佛陀的舍利分成八万四千个，分别安奉在佛塔内。在这样的过程中，佛陀的舍利经过西域来到中国以及韩国。

供奉佛陀舍利的佛殿称为寂灭宝宫。寂灭意为所有烦恼消失，进入到大寂定的状态，称之为涅槃。在韩国有几处寂灭宝宫，特别是雪岳山凤顶庵、五台山中台、太白山净岩寺、狮子山法兴寺、灵鹫山通度寺，号称五大寂灭宝宫，这五大寂灭宝宫安奉新罗时代慈藏法师于公元643年自唐迎回的佛陀真身舍利（参照前面三宝寺通度寺说明）。

雪岳山凤顶庵寂灭宝宫

江原道麟蹄郡北面百潭路746号
电话：（033）632 - 5933　网站：www.bongjeongam.or.kr

　　雪岳山凤顶庵寂灭宝宫位于海拔1244米山上，不管是谁来到这里，都要从百潭寺沿着险峻的峡谷攀爬大概约五六个小时的山路，才能够到达山上。山势拔高，景致果然优美无比。公元644年时，慈藏律师自唐回来后，由于凤凰鸟的引路，来到了这个地方。在这里安奉佛陀真身舍利，建筑一间小佛庵。传说中凤凰鸟停留的石头，现在看起来还像是一尊佛陀的模样。

　　凤顶庵的中心标的物为安奉佛陀舍利的舍利塔，这是一座五层石塔，但特别的是塔的基坛部就筑在山中的一块自然巨石上，象征着整座雪岳山是塔，雪岳山就是佛国的净土。从舍利塔望去所开展的雪岳山景色，证明此处正是极乐世界。参访凤顶庵的人们，可以得到深刻的感动和信心。这是来自漫长旅途之后，能够投入佛陀怀抱的喜悦和自信感，或是在彻夜礼佛修持时所得到佛法的信心。

凤顶庵（江原道麟蹄郡）

五台山中台（江原道平昌郡）

五台山中台寂灭宝宫

江原道平昌郡珍富面东山里山63号

　　自新罗时代来，五台山就是韩国的五大圣地之一。五台山是有五万菩萨常住的名山，山四方之东台、南台、西台、北台，加上中台，各有一万菩萨常住。五台山寂灭宝宫位于海拔1190米的中台，中台是一万文殊菩萨常住之处。公元643年，为了圆满参见文殊菩萨的心愿，慈藏律师在中台安奉佛的舍利，并建立寂灭宝宫。

　　去中台寂灭宝宫，从月精寺大概车行8.5公里左右的山路，到达上院寺。再从上院寺旁的登山道爬约40分钟左右，就是位于山顶上的寂灭宝宫。围绕寂灭宝宫的山峰像莲花般地盛开，感觉是非常的寂静和平。站在寂灭宝宫前面，可以感受到为什么此地是韩国佛教圣地的原因了。

　　寂灭宝宫因安奉了佛陀的舍利，所以殿内没有佛像。绕到佛殿后面有块约50厘米左右，刻有小塔的碑石。此小塔只是作为象征而已，到底佛陀的舍利在哪儿，没有人知道。整座五台山就是佛陀所在的佛国净土。

太白山净岩寺寂灭宝宫

江原道旌善郡古汗邑咸白山路1410号
电话：（033）591－2469　网站：www.jungamsa.com

　　一到净岩寺映入眼帘的就是水玛瑙塔，因为佛塔位在半山腰高处，所以很容易看到。这是安奉佛陀舍利的舍利塔，塔下面就是朝向宝塔的寂灭宝宫。

　　公元645年，慈藏律师为了安奉佛陀舍利来到太白山，但是一直找不到适当的地方。经过不停地拜祷后，一夕之间，忽然从雪地里冒出三枝葛藤，停留在三处。于是在那里兴建法堂和佛塔来安放佛的舍利。初建时有三座塔，分别是金塔、银塔和玛瑙塔。慈藏律师忧虑金塔、银塔会让世人产生贪欲，因此将金塔和银塔隐藏起来。水玛瑙塔名称的由来，据说是法师自中国返回新罗时，借助西海龙王神力渡海运来玛瑙石，因而称之。水玛瑙塔高达9米，是模仿砖塔样式的石塔，称为模砖塔。

　　寺前庭有一棵枯木，传说是慈藏律师的拐杖种在那里，长不成变成的枯树。当这棵树长出叶子的时候，也就是慈藏律师将再降生的日子。

净岩寺（江原道旌善郡）

狮子山法兴寺寂灭宝宫

江原道宁越郡武陵法兴路1352号
电话：（033）374－9177 网站：www.bubheungsa.or.kr

法兴寺是慈藏律师所建五大寂灭宝宫中最后兴建的佛寺。初建时叫兴宁寺，后来是新罗晚期九山禅门中狮子山门的大道场。公元944年曾重建，但后来因火灾，付之一炬。近千年以来，仅有法脉延续。直至1902年再度兴建，改称为法兴寺。

法兴寺寂灭宝宫周围狮子山环绕，传说慈藏律师为了永远保存佛的舍利，将舍利隐藏在山中某处，仅兴建了寂灭宝宫。因此虽有舍利安奉在寂灭宝宫后面舍利塔的说法，但无法查证。在舍利塔旁边遗有慈藏律师修行的洞窟，称为慈藏窟。

法兴寺（江原道宁越郡）

世界文化遗产

佛国寺·石窟庵

庆尚北道庆州市佛国路873 - 243号
佛国寺 电话：(054)746 - 9913 网站：www.bulguksa.or.kr
石窟庵 电话：(054)746 - 9933 网站：www.sukgulam.org

　　佛国寺初建于新罗法兴王十五年（528），后751年宰相金大成为今生父母兴建佛国寺，为前生父母凿建石窟庵。兴建三十多年期间中，金大成死去，之后由国家接手完成。竣工后的佛国寺是具有八十多栋两千余间的建筑。

　　佛国寺体现了佛国净土的现世娑婆世界信仰，将佛教的义理和修行体系反映在建筑空间的组成。营造手法巧妙地融合木造建筑和石雕艺术，是非常雄壮美丽的佛寺。佛寺内有许多文物，像是释迦塔和多宝塔，与周围环境融合，表现出佛教文化的精髓。佛国寺现是大韩佛教曹溪宗第11教区本寺，是许多出家人精进的传统禅修道场。

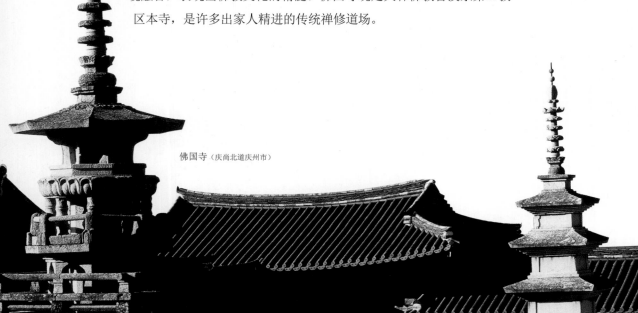

佛国寺（庆尚北道庆州市）

石窟庵（庆尚北道庆州市）

佛国寺（庆尚北道庆州市）

　　石窟庵位于吐含山半山腰，距离佛国寺约3公里左右路程，是以白色花岗岩所开凿的人工石窟寺院。石窟构造以四方形的前室和圆形的主室，以及连结前后室的通道所构成。特别是，主室如苍穹般的天井以360多块石头巧妙地砌成，卓越的筑造技术，世界未有前例。

　　窟内主室中央以本尊像为中心，至前室为止，周围壁面浮雕菩萨像、十大弟子、金刚力士像、天王像等计有39尊，所有雕像堪称最高水平杰作。主尊像气宇轩昂，浑然天成，雄伟崇高的气度，仿佛带给众生无限的慈悲，令人印象深刻。

　　石窟庵可说是结合了建筑、数理、天文、几何学、宗教、艺术等，将宗教艺术发挥到巅峰极致。佛国寺与石窟庵在1995年经联合国科教文组织登录为世界文化遗产。

南山（庆尚北道庆州市）

千佛庵磨崖石佛（庆尚北道庆州市）

庆州历史遗址区

庆尚北道庆州市一带

　　庆州历史遗址区是指新罗（公元前57～公元935）的首都庆州一带，是至今仍完善保存着当时历史文化的遗址。登录为世界遗产的庆州历史遗址区，跟别的国家历史遗址比较的话，被评为更多样化，而且更为集中。因此于2000年12月被指定为世界遗产。

　　从遗址的性质来看，庆州历史遗址区可分为五处，分别是佛教美术的南山区、千年宫殿遗址的月城区、新罗国王古坟集中的大陵苑区、代表新罗佛教精髓的皇龙寺地区以及为防御都城所筑造的山城区。这些遗址区内登录的52个国家级文物，也在世界遗产之内。

　　南山地区是一个活生生的户外博物馆，大自然中处处皆是佛堂，新罗文化、佛教的痕迹，仍栩栩如生可见。在约494米高的南山石壁上雕刻着佛像，到处都有佛寺遗址的痕迹。例如弥勒谷的石佛坐像、拜里石造如来三尊立像、千佛庵磨崖石佛、塔谷磨崖石塔和磨崖石佛、冷泉谷佛像、茸长寺址石塔佛像等，整座山仿佛就是一个佛寺，一个说法的金堂。在此可以感受到，新罗人追求佛法，向往佛国净土的心愿。

　　皇龙寺地区有皇龙寺寺址和芬皇寺。皇龙寺因蒙古的入侵，于战火中全毁。从遗址考古的结果来看，可知当时佛寺规模相当宏伟。在这里出土大约四万多件的文物，作为研究新罗历史，是极为珍贵的。同时，为祈求国泰民安所兴建的皇龙寺九层塔，在蒙古入侵时也被焚毁，但是尚遗塔基础石。从此础石，可以知道当时皇龙寺九层塔是如何的气势雄浑，巍然屹立。在国立庆州博物馆内展示了模拟的模型塔。

海印寺藏经阁和八万大藏经经板

庆尚南道陕川郡伽耶面海印寺路122号
电话：（055）934 - 3000 网站：www.haeinsa.or.kr

　　海印寺藏经阁保存着在13世纪完成的大藏经经板。所谓大藏经指的是集记录佛陀说法之佛经，以及律、论三藏之大成的经籍。大藏经经板是为了印刷大藏经所雕的木制经板。海印寺大藏经经板因是在高丽时代所雕刻，亦称高丽大藏经板。因收八万四千法门，又叫做八万大藏经经板，经板数量计达八万多张。

　　高丽大藏经板的雕刻，是由国家主导，欲借佛加被之力来攘除契丹、蒙古的侵略。因契丹来攻打，于1011年至1087年间所雕《初雕大藏经》，在1232年蒙古军入侵时，不幸付之一炬。1236年进行第二次雕经，耗费16年，至1251年完成。1398年起移至海印寺，保存至今。

　　经板所用木材，先在海水浸泡三年，取出干燥后再裁成经板，至今毫无龟裂变形。所有经板字体工整优美，如同出自同一人之手，无错误或脱落，完美无缺。每刻一字行一次拜礼，精诚所加，难以言喻。如此完成的高丽大藏经板，年代久远，内容详实，表现出精巧细致，极高水平的印刷技术。

海印寺大藏经板殿（庆尚南道陕川郡）

《高丽大藏经》被评为是世界佛教经典中最重要且完美的经典。日本编纂《大正新脩大藏经》时，即是以《高丽大藏经》为蓝本。中国也购入使用，广泛传播到世界各国，对佛教研究起了莫大影响。

海印寺为预防经板腐蚀或变形，于15世纪兴建藏经阁，俾能完善保管大藏经板。藏经阁可谓是世界上唯一收藏大藏经板的建筑物。藏经阁有两个大主体建筑，南北相向配置，北边建筑称为修多罗藏，南边建筑称为法宝藏。东边和西边是较小的经阁，收藏寺院印刷的经板。建筑时埋入大量盐和木炭，帮助调节温度和湿度；门窗棂的位置、大小高低各不相同，为的是借自然光、风向来杀菌或通风，非常符合科学。透过如此精心设计，让高丽大藏经板完善地保存至今。1995年藏经阁经联合国科教文组织登录为世界文化遗产，2007年大藏经板登录为世界纪录遗产。

《直指心体要节》

全名为《白云和尚抄录佛祖直指心体要节》，是白云和尚为传授禅法给弟子所撰述的修行指南书。此书是在高丽祸王三年（1377）于忠清北道清州兴德寺刊行的金属活字印刷本。1972年在联合国科教文组织定的国际图书年展览，被鉴定为世界最古老的金属活字印刷本。比在这之前，人们所知最早的金属活字本是德国约翰内斯．谷登堡印制的圣经，还早了70年，此书下卷目前收藏在法国巴黎国立图书馆。

在高丽末期，韩国的金属活字印刷技术已相当发达。金属活字之前，使用木版印刷，日久版易损毁，会有字体产生模糊的问题，但使用金属活字的话，不但经济方便，且校正容易，可以说让印刷书籍更加简易进步。韩国先进的印刷术，对于人类印刷史的发展作出了极大的贡献。《直指心体要节》因其珍贵的价值，在2001年经联合国教科文组织登录为世界纪录遗产。

山 · 海 · 佛寺

浮石寺

庆尚北道荣州市浮石面浮石寺路345号

电话：（054）633 - 3464 网站：www.pusoksa.org

　　浮石寺是新罗文武王十六年（676）由义相大师开创。从唐朝回国后，义相五年间跋涉全国，终于找到了修行的道场。义相在此传授华严思想，门下诸多人才辈出，浮石寺因而成为代表华严宗的寺院。初创时虽然规模不大，后慢慢发展成为具有规模的佛寺。

　　浮石寺从天王门到无量寿殿，总共经过九个以石块打造的平台，这是极乐世界九品曼荼罗的象征。石筑台为9世纪时所砌筑，以此划分成的空间，极为调和地配置幢杆支柱、天王门、梵钟阁、安养楼、石灯、三层石塔、无量寿殿等建筑。无量寿殿是目前所遗存年代非常古老的木构建筑物，推测于13世纪时所建，殿内供奉的是高丽时代泥塑阿弥陀佛坐像。此外，祖师堂也是韩国木构建筑史中很重要的建筑。

　　在浮石寺从安养楼一眼望去，可饱览大自然美景，真是美不胜收。在无量寿殿的后面可看到一块雕有浮石两字的巨石和善妙阁，是与浮石寺创寺传说有关的文物。

浮石寺（庆尚北道荣州市）

仙岩寺（全罗南道顺天市）

仙岩寺

全罗南道顺天市升州邑仙岩寺路450号
电话：（061）754－5247 网站：www. seonamsa. co. kr

　　仙岩寺于百济圣王七年（529）传由阿道和尚开创。当时阿道和尚在现曹溪山半山腰兴建了叫清凉山毗卢庵的佛庵。新罗景文王元年（861）道诜国师在此驻锡，改称仙岩寺，禅风兴起。高丽宣宗十一年（1094）大觉国师重建，将清凉山改称为曹溪山。

　　仙岩寺在朝鲜时代因火灾焚毁，有多次的重修。目前遗存的建筑大部分为朝鲜1823年以后所建。当时约有六十余栋佛殿，现仅存二十余栋。仙岩寺伽蓝由几个坛和低的平台组成，各坛上有大雄殿、八相殿、圆通殿、应真殿、觉皇殿、千佛殿等。佛殿空间相连，展现出千年佛寺古邈的风貌和宁静。特别是如虹桥般的升仙桥，从虹形桥下面望去的降仙楼，与溪谷山林的景致交相辉映，构成绝美的景色。

　　在佛寺附近有自古以来僧人开辟的传统茶园。仙岩寺也是保存韩国传统茶文化的基地，肩负传承推广之重责大任。

　　目前仙岩寺是韩国佛教太古宗唯一的丛林，称为太古丛林，是许多出家人修行精进的道场。

洛山寺

江原道襄阳郡降岘面洛山寺路100号

电话：(033) 672 - 2447　网站：www. naksansa. or. kr

　　洛山寺是新罗文武十一年（671）义相大师所开创，位于可饱览东海风光，自然景观非常优美的地方。洛山来自梵语potalaka，译为补陀落山，依佛经叙述是观世音菩萨所在之净土。

　　洛山寺的开创是义相自唐回国后，听说大悲真身在东海洞窟之内，于是前往参礼。大师斋戒祈祷，几日之后，自空中落下一串水精念珠，东海蛟龙也献上如意宝珠，终于亲见观音真容。后来义相大师依照观音指示，兴建金堂，将观音像、水精念珠、如意珠安置于金堂之内，命名为洛山寺。

　　洛山寺是韩国的观音圣地，也是世界的观音圣地。在此供奉了观世音菩萨各种不同的化身，如圆通宝殿内的观音菩萨坐像、东方最大的石雕海水观音像、普陀殿的七观音像和诸多观音像、红莲庵的观世音菩萨等。特别是红莲庵，建筑在义相大师亲见观音真容的观音窟上面，庵内地板上面开有一玻璃窗小洞，由此可以看到东海波涛汹涌的海浪。

　　2005年的一场山火，让洛山寺许多建筑和文物几乎荡然无存。虽然佛寺周遭山林全毁，但由于僧众的发心与信念，现在已经恢复了原有的面貌。

洛山寺（江原道襄阳郡）

救仁寺（忠清北道丹阳郡）

救仁寺

忠清北道丹阳郡永春面救仁寺路73号
电话：（043）423－7100 网站：www. chentae. org

　　救仁寺是大韩佛教天台宗的总本山，也是天台宗信众的根本修行道场。1945年由上月圆觉祖师所创建，上月祖师于1967年创办天台宗，为韩国佛教的发展开启了新契机，使得朝鲜时代已断绝的天台宗法脉，得以再传承下来。

　　救仁寺起初只是一个很小的佛庵，后来信徒云集，逐渐发展成为今日的规模。包括1980年新建的五层大法堂，总共有四十多栋的建筑。佛寺筑在陡峭狭窄的溪谷上面，但是没有凿削山壁，所以从正面看是五层，但从后面看是两层的建筑。大祖师殿内安奉开山大师，也就是近代中兴天台宗法脉的上月祖师尊像。大祖师殿是高达27米三层的传统木构建筑，是当代具有代表性的佛教建筑物之一。

　　救仁寺法师们白天农耕劳动，晚上彻夜不休修行。由于信众虔诚念佛，救仁寺不分昼夜，观音菩萨圣号，声声不绝。在属天台宗道场的首尔市观门寺和釜山三光寺，同样也可感受到这种对修行的热诚。

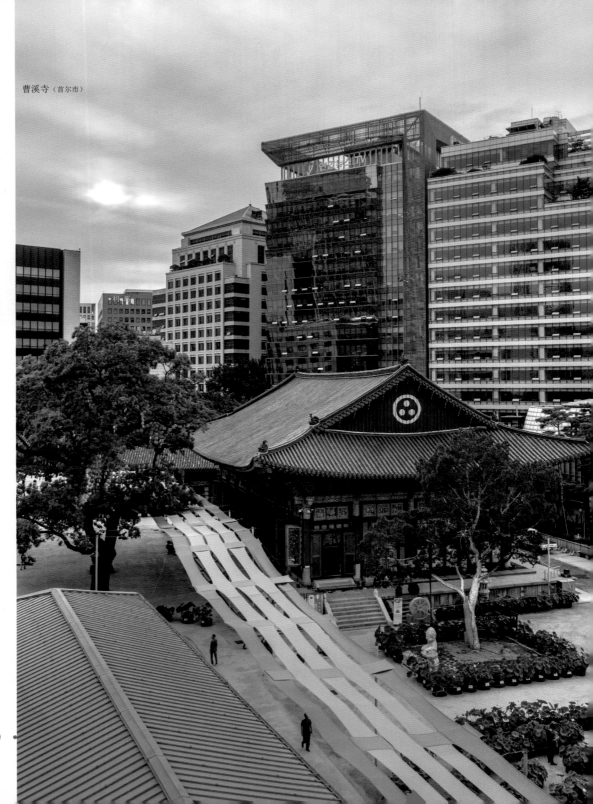

曹溪寺（首尔市）

首尔主要的佛寺

曹溪寺

首尔特别市钟路区邮政局路55号曹溪寺
电话：(02) 768–8600　网站：www. jogyesa.org

　　曹溪寺既是大韩佛教曹溪宗的总本山，也是直辖教区本寺。内有总务院、教育院，布教院等曹溪宗行政核心单位组织，以及佛教历史文化纪念馆、佛教中央博物馆等。

　　曹溪寺的历史从建于1910年的觉皇寺开始。当时在日本强占期间，受到日本的影响，韩国传统佛教开始产生动摇，觉皇寺成为捍卫韩国正统佛教和历史的基地。1937年觉皇寺迁移到现在的位置，次年将位于三角山的太古寺移建至此，称太古寺，此时完成目前的大雄殿建筑。1954年取曹溪宗名，改称曹溪寺。

　　曹溪寺位于韩国首都首尔市最繁华热闹的地方，和周边的景福宫古宫、仁寺洞街道，形成一个韩国传统文化区域。曹溪寺不但成为来韩游客，在首尔喜爱探访的寺院，同时为忙碌的都市人提供心灵的最佳休憩处。

　　在曹溪寺极乐殿、大雄殿、佛陀舍利塔，信众礼佛祈祷，终日络绎不绝。特别是晨钟暮鼓，磅礴法音，摄受人心，给人们无比欢喜心。

曹溪寺（首尔市）

奉恩寺

首尔特别市江南区奉恩寺路531号
电话：(02) 3218 - 4800　网站：www. BongEunsa. org

　　位于韩国首都首尔市，且是在领衔21世纪前沿文化的江南区三成洞的传统佛寺。奉恩寺初为新罗元圣王十年（794）缘会国师所创的见性寺。1498年见性寺作为朝鲜宣宗王陵（即宣陵）的愿刹得以翻修重建，改名叫奉恩寺。

　　朝鲜时代佛教屡受排挤，但因为普雨国师和文定王后的护持振兴，使得禅教两宗复活。1551年奉先寺成为教宗的本山，奉恩寺成为禅宗的本山，之后西山大师、泗溟大师在此住持。1911年日本强占期，制定寺刹令，奉恩寺成为31个本山之中的大寺，管辖首尔京畿道一带八十多个佛寺。目前是大韩佛教曹溪宗总务院直辖佛寺。

　　奉恩寺之前的建筑物在1939年因火灾大部分烧毁，进行重建持续至今。现有大雄殿、选佛堂、灵山殿、北极宝殿、板殿、寻剑堂、法王楼、普雨堂、真如门等各种楼阁殿宇和弥勒大佛。奉恩寺建筑与周围的山林风景极为融合，可说是在都会中一座古色古香的传统佛寺。特别是环绕佛寺的森林步道，是深受市民喜爱的休闲去处。

奉恩寺（首尔市）

道诜寺（首尔市）

道诜寺

首尔特别市江北区三阳路173街504号
电话：（02）993－3161　　网站：www.dosunsa.or.kr

位北汉山半山腰，是一个护国忏悔祈祷的道场。北汉山从首尔市中心大约一个小时车程，向来以名山著称。道诜寺于新罗景文王二年（862）由道诜国师所创，国师预言千年以后佛法将再兴起，遂来此开山，并在佛寺旁边一块巨石上，凿刻高达6米左右的观世音菩萨像。至今，在户外的观世音菩萨磨崖佛像前面，每天都有虔诚的民众在这里拜佛。

近代1903年时，高宗皇帝下令道诜寺作为国家祈福道场。1961年青潭法师就任主持后，领导道诜寺更大大向前发展。1968年朴正熙夫妇频繁布施，增建护国忏悔院等。

道诜寺目前僧众奉行青潭法师所开示，集修行、实践、生活化一体的护国忏悔佛教指针，持续勇猛精进，同时这里也是人人回归心灵故乡的朝山之路。

奉元寺（首尔市）

奉元寺

首尔特别市西大门区奉元洞山1号
电话：（02）392－3007～8 网站：www. bongwonsa. or. kr

　　奉元寺是韩国佛教太古宗总本山，新罗真圣女王三年（889）道诜国师创建。当时佛寺就建在目前延世大学的位置，称般若寺。高丽末，经由太古普愚国师大力整建。朝鲜1748年迁移至目前所在之处，次年称奉元寺，此时把新建的佛寺称为新寺。奉元寺在旧韩末，是孕育开化党的摇篮。

　　韩战时大部分的建筑全部被烧毁，目前的建筑是依照原有的佛殿加以重新修建的。1994年重建大雄殿，同年三千佛殿也告竣工。

　　目前是韩国佛教太古宗的总本山，肩负弘法与修行的法脉。特别是在佛教艺术的丹青和梵呗领域，培训传承诸多后学。如《灵山斋保存会》所传承的灵山斋，维护了韩国传统文化的根源。灵山斋是演示佛陀在灵鹫山说《法华经》的佛教仪式，结合音乐、戏剧、舞蹈等多种文化元素，对韩国文化的发展起了相当影响。

华溪寺

首尔特别市江北区华溪寺街117号
电话：（02）902－2663　网站：www. hwagyesa. org

　　华溪寺位于三角山（北汉山），邻近首尔市区，是景观优美的山中佛寺。于朝鲜中宗十七年（1522）信月禅师所创。在这之前，高丽法印大师在华溪寺附近建了普德庵，信月禅师将它搬移到目前的位置，改名叫华溪寺，可以说普德庵是华溪寺的前身。在朝鲜崇儒抑佛政策之下，华溪寺因得到朝廷的护持，还能安稳地发展，被称是兴宣大院君的愿刹。1933年由韩语学会主管，在这里国文学者专家就韩文拼写法的标准化，进行编辑校正。

　　近代崇山法师发愿积极扩展海外弘法事业，1986年开设国际禅院，从世界各国来此求法的外国人，在此学习韩国佛教传统禅修，也有外国人出家，弘传韩国佛教。

华溪寺（首尔市）

塔主心印堂（首尔市）

塔主心印堂

首尔特别市城北区花郎路11街26号
电话：（02）912－0347　网站：www.jingak.or.kr

塔主心印堂设立于1965年，位于大韩佛教真觉宗总务院和新教徒修行处的总印院。总印院是真觉宗总本山，总印院内有塔主心印堂、统理院、教育院、真觉大学等。统理院是总管真觉宗总务行政的单位。

真觉宗是在1947年由悔堂宗师创立，属于密教系统的宗团，倡导符合现代社会的教义理念和修行，着重日常生活修行，奉行以现在之身即可成佛的"即身成佛"教法。

心印堂是真觉宗称为实践修行的道场，因是标榜生活化的佛教，为给大众提供方便，所以心印堂总是位于人群聚集的城市中心。所谓心印，是指存在众生心中的宇宙真理，或是法身佛真理，故心印堂是众生自觉开悟心印的道场。为达到自觉，反覆念诵"唵嘛呢叭咪吽"。心印堂以象征法身的毗卢遮那佛为教主本尊，奉行六字真言"唵嘛呢叭咪吽"。

国际禅院

20世纪以来，透过诸如崇山法师等多位法师的努力，韩国佛教传播到世界海外各地。其中，韩国佛教传统的禅修法，抓住了人心。感受禅修魅力的人，为了学习修行，来到保存着传统禅修法的韩国。

国际禅修中心

首尔特别市阳川区木洞洞路167号
电话：（02）2650 - 2200　　网站：www. seoncenter. or. kr

大韩佛教曹溪宗国际禅修中心设立于2010年11月15日，面向国内外人士开放，是可以体验韩国精神文化源流的佛教看话禅的国际禅修中心。

江华莲灯国际禅院（仁川市）

国际禅修中心（首尔市）

　　禅修中心规模为地下三层，地上七层的建筑，有禅院、寺院寄宿体验馆、法堂、教育文化馆等设施。在此能体验韩国佛教的看话禅修行、寺院寄宿体验、禅文化讲座以及参加佛寺饮食课程等。同时提供同声传译服务，外国人可更容易了解，亲近韩国佛教。

无上寺国际禅院

忠清北道鸡笼市奄寺面香积山路129号
电话：(042) 841－6084　网站：www. musangsa. org

　　无上寺国际禅院设立于2000年3月，无上寺是奉行崇山法师禅修法，对全世界所有的人开放的修行空间。每年夏季跟冬季各进行三个月集中修行的安居；春季和秋季开设基础禅修短期课程。全世界有不同的佛教团体，超过一百多个的禅修中心都来到了无上寺参禅。

江华莲灯国际禅院

仁川广域市江华郡吉祥面江华洞路349‒60号
电话：（032）937‒7033　网站：www.lotuslantern.net

江华莲灯国际禅院是圆明法师在1995年开始运营，法师历经十多年弘法，深切感受到提供给外国人禅修的空间，相当不足。所以在庆祝首尔莲灯国际佛教会馆开办十周年时，于江华岛设立莲灯国际禅院。禅院传承曾是大韩佛教曹溪宗宗正性彻大师的禅法法脉，提供韩国佛教修行，和体验韩国文化等各种课程。

安国禅院

首尔特别市钟路区北村路70号
电话：（02）732‒0772
釜山直辖市金井区琴端路124号
电话：（051）583‒0993　网站：www.ahnkookzen.org

大韩佛教曹溪宗安国禅院，最初是1989年从釜山金井布教堂开始运营的。现在首尔、釜山、还有纽约曼哈顿都设有分院。安国禅院在修佛法师的指导之下，是以看话禅为中心的修行道场。提供定期法会、安居，以及为初入佛门者的基础佛学课程和指导，同时也有专为外国人所设立的国际禅修团。

韩国佛教史

三国时代（五世纪）

高句丽

平壤

熊津
（公州）

新罗

金城
（庆州）

泗沘
百济（扶余）

伽倻

三国时代的佛教

高句丽

佛教传入高句丽是在小兽林王二年（372），当时占据中国北方的前秦苻坚遣僧顺道送来佛像和经书，两年后公元374年，僧阿道自南方东晋前来弘法。顺道和阿道皆是国家派遣的使者，说明当时佛教已经得到高句丽国王的认可，得以传布。但推测在这之前，佛教应已在民间流传，依慧皎撰《高僧传》记载，东晋僧侣支遁道林（311－366）曾致书信给高句丽道人释亡名介绍东晋僧人竺法深，道林圆寂于366年，说明在372年顺道来之前，佛教已经进入高句丽。

佛教传入高句丽后，在王室的护持之下得以发展，如广开土大王（391－413）创九寺于平壤。著名的高僧有僧朗、慧慈、惠观等，僧朗[1]于五世纪末时前往中国求法，精研三论学，终身滞留不归，弘扬三论，成为著名学僧。三论学是以空为主轴思想，研究《中论》、《十二门论》、《百论》立宗，属大乘中观学派。慧慈于公元595年渡日，与百济僧慧聪都被日本圣德太子奉事为师。惠观于隋唐之际入中国求法，学成后赴日弘扬三论学，成为日本三论宗始祖。通过这些僧人的弘法行谊，可知高句丽佛教的主流思想为三论学。

百济

佛教正式传入百济的时期为枕流王元年（384）九月，当时百济派遣使臣前往东晋朝贡，东晋遣摩罗难陀携带佛经前来今首尔附近的慰礼城弘扬教

---

1 僧朗

生卒年不详。五世纪末赴中国深究三论学，三论是指《中论》、《十二门论》、《百论》。在僧朗之前，论及真理世界的真谛和世间的俗谛时，未予以区分，僧朗以中道将其联系起来，发展出二谛以中道为体的思想。僧朗的三论学论，后来隋代吉藏（549–623）加以继承开创了三论宗。

法。次年，枕流王于首都附近兴建佛寺，收容十位出家僧。百济向来与东晋往来频繁，受南朝影响亦深，从中国当时佛教的兴盛来看，百济应也在摩罗难陀东渡之前已传入佛教。因此当佛教正式传入后，僧人辈出，王室大兴土木，扩建寺院。

百济佛教发展从圣王时期（523－554）进入高峰期，圣王四年（526）谦益[2]西行求法，自印度取回梵本，译出律部七十二卷；圣王十九年（541）向梁派遣使臣求《涅槃经》经书，后律学和涅槃经论在百济受到重视，发展成重要教学思想。圣王三十年（552）百济将佛教传入日本，送给日本经书和佛像。武王三十五年（634）在今全罗北道益山建成当时规模最大的弥勒寺，王室尊崇佛教达至最巅峰时期。

新罗

相较于高句丽和百济，佛教最晚传入新罗，经过法兴王十四年（527）异次顿殉教事件以后，佛教才被认可。但如同高句丽和百济，佛教被认可之前应已广泛流传。文献记载讷祇王（417－458）时期西域僧人胡墨子经由高句丽前来，寄宿于毛礼家中，治愈公主疾病。又毗处王（479－500）时期阿道和尚从高句丽来，讲读经律。

新罗佛教的迅速发展得力于王室的大力护持，乃因新罗王室欲通过"王即佛"的治国思想意识来巩固王权的地位。从王室家族姓名都取自佛经，可知新罗王室是多么地推崇佛教，如真平王与王妃以释迦牟尼佛父母姓名自称为"净饭"和"摩耶"，将女儿命名为"善德"。新罗佛教的蓬勃发展，始肇于入隋唐求法的圆光和慈藏两位高僧归国以后。

圆光[3]法师滞留中国十二年，于真平王二十二年（600）回国，开启海东

---

2 谦益
　　生卒年不详。有关谦益的记载来自《弥勒佛光寺事迹》，公元526年他偕同僧倍达多三藏，自印度带回《阿毗昙藏五部律》等经书。百济圣王亲迎至兴轮寺，并召集国内高僧二十八人，一起翻译梵文经典，后共翻译律部七十二卷。圣王原想将译经刊行，惜因战死，未能实现。

唯识学之滥觞。并通过占察法会，教化大众，传授佛教理念的"世俗五戒"给隐身山林诸海的花郎，促成花郎终身服膺此戒律，成为新罗统一三国的精神动力。慈藏[4]法师在中国求法七年，善德女王十二年（643）回国后，弘扬教法，泽沐苍生，立庆州皇龙寺九层石塔，兴建梁山通度寺，特别重视僧团戒律。

统一新罗时代的佛教

佛教的普及大众化

三国时代佛教传入朝鲜半岛以后，虽然王室和贵族阶层开始舍弃原有的萨满信仰，改信佛教，但在一般大众阶层仍然信奉萨满的巫俗文化，接受佛教的速度缓慢。原因是来自佛教深奥的义理思想体系特征，以及民众对各种名相的认识不足所致。直至各地兴建寺院，出家僧人增多，亲眼目睹僧侣在佛寺修行讲经或云游四方，才逐渐开始对佛教有所认识。

但是佛教仍还是属上阶层的贵族，后来之所以能进入民间，是得力于僧侣不辞辛劳地弘扬佛法，以及阿弥陀佛净土思想的传播。如《三国遗事》载惠空和尚"常住一小寺，每猖狂大醉，负篑歌舞于街巷，号负篑和尚"。《高僧

慈藏

3 园光
　　（生年不详－630），公元589年前往中国求法，钻研《涅槃经》、《成实论》、《摄论》等。600年归国，将唯识学带回新罗，开唯识学东传之始。初驻锡清道嘉悉寺，教化大众。真平王三十五年（613）在皇龙寺仁王百高座法会中，作为上首说法。同时，也奉朝廷王命撰写乞师表给隋。

4 慈藏
　　生卒年不详。出身新罗真骨阶级，舍弃王族地位出家。出家前善德女王下赐官位，坚持不就，谓："吾宁持戒一日死，不愿破戒百年生"。公元636年入唐，研习唯识学、律学、华严学等，公元643年返回，国王任命为大国统。于通度寺设置戒坛，兴建皇龙寺九层塔。

传》载新罗僧大安形服特异，恒在市廛，击铜钵唱，宣扬佛法。

其中，元晓[5]大师对于促成新罗佛教的大众化更是功不可灭。元晓倡导念诵"南无阿弥陀佛"即可往生西方的净土法门，在民众阶层获得热烈回响，终让佛法渗入民间。

与元晓同一时期还有位高僧，就是义相[6]大师。义相自唐学成回国后，弘扬观音信仰，闻大悲真身住海岸孤绝处，前往东海瞻拜，开辟洛山寺道场，以观音真身常住此处说法，教化百姓。

经由元晓和义相的大力弘法，佛教逐渐不再专属王室贵族，信仰慢慢向民间传播。《三国遗事》记载了不少民间信仰佛教的感应轶事，其中关于阿弥陀信仰的故事，有奴婢裕面因念佛往生极乐净土；文武王时期贫农广德和严庄，白天耕作，每夜端身正坐，念阿弥陀佛号，或作十六观。关于观音信仰的故事，有新罗景德王四年（745），禺金里贫女宝开有子名长春，至海上捕获久无音讯，宝开在敏藏寺观音像前，克祈七日，而长春忽至。问其绪由，乃舟于海中遇风浪漂泊至吴涯，后由异僧引导归回故里；或洛山寺附近世逵寺知庄调信暗恋貌美的金氏女子，虽屡屡在大悲观音前祈求成就好事，然无法如愿。几年后女子嫁人，调信来到大悲像前怨恨不已。昏睡之中梦到与金氏结婚生子，老年贫困交加，子亡妻散，凄凉无比。一觉醒来调信发现已满头白发，幡然惊醒自己的荒唐贪恋，在大悲像之前忏悔不已。除了阿弥陀佛和观音信仰之外，新罗也盛行弥勒和地藏信仰，佛教可说是非常接近百

元晓

5 元晓

（617–686），在与义相结伴赴唐求法的途中，觉悟到一切唯心造真意，遂半途转回。元晓的思想核心为一心。活动时期正逢新罗统一三国之际，倡导以一心来融合对立冲突。在民间则传布阿弥陀佛信仰，抚慰饱经战乱之苦的广大群众心灵。著有《大乘起信论疏》、《金刚三昧经论》、《十门和诤论》等九十种两百多卷，现仅遗存二十三种。

姓的生活。

新罗人追求佛教的至诚之心，造就了景德王（742－765）时期佛国寺和石窟庵的诞生。佛国寺和石窟庵，虽然最初是由具有贵族身份的宰相金大城发愿建造，但若无民众的发心，是无法完成如此规模弘大，极致精美的建筑。可以说，佛国寺和石窟庵是在贵族的布施之下，加上百姓的信仰力量所缔造完成的。

佛教义学的发展

新罗对佛教义理的钻研，在入华求法僧圆光和慈藏回国之后，得以兴起发展，并在三国统一前后之际，元晓和义相更上一层楼，发挥了重要作用。由于自中国传入，自然受到中国佛教很大的影响。七至八世纪是中国佛教史上思想高度发展的时期，此时法相宗、华严宗、天台宗特别兴盛，因而在新罗法相宗和华严宗也格外发达，受到注目。

法相宗是以唯识思想为中心的宗派，用唯识所现来解释世界现象，认为诸法"唯心所现、唯识所变"，一切法从心想生。新罗唯识思想的传入，最初来自入华求法的圆光和慈藏法师，将新罗佛教从底层的信仰型态提升至思想的地位。出身新罗王族的圆测[7]则是对新罗唯识学作出极大贡献的人物，圆测年少游学大唐，一生不归，但由于门下辈出许多新罗学僧，这些僧人返回新罗后，对新罗唯识学影响不谓不深。

义相

6 义相

（625-702），公元661年入唐，投入智俨门下，学习华严学。文武王元年（670）返回新罗，成为海东华严宗初祖。义相的华严宗重视实践，与中国偏向钻研理论的宗风，有所不同。其理念是法界缘起论的平等与调和。义相并在东海岸建立洛山寺，以观音信仰弘化民众。所遗著述不多，仅见《法性偈》偈诵文，及可能是后人假托其名作的《白花道场发愿文》。

圆测在中国活动时期正逢法相宗兴起，法相宗成为代表中国唯识学的宗派，后亦传至新罗。可以说，新罗的唯识学一方面是受到圆测唯识学的影响，另一方面是来自法相宗的唯识学，两者是共存的。

被推崇为新罗法相宗初祖的太贤[8]法师，他的思想会通圆测和法相宗的唯识学，后来这成为新罗法相宗义学的特征。也属法相宗僧侣的真表[9]，则倡导行占察法，观察自身业障，以忏悔修行来消灭罪业。这一支流在民间广为流传，发展至高丽时代成为法相宗具有影响力的一派。

新罗法相宗立唯识学思想为中心，扩展至律学的研究和实践，兼容并蓄弥勒和地藏信仰，这样的义学主导了新罗的佛教。

至于新罗华严宗，最初传来是经由义相的弘法。义相入唐攻读华严，回国后成为新罗华严宗开宗祖师。但新罗华严宗与中国华严宗有所不同，相较于中国华严宗的钻研义理，义相的华严学更重视实践。义相在670年返回新罗时，正是新罗与唐交战结束之际，经由战争带来的灾难苦痛，让百姓无不渴望得到心灵的慰借和安息。在这样的社会氛围之下，义相认为教化百姓，与其讲授华严深奥的义理，不如重视实践修行，更能获得民众的呼应。

华严学对宇宙的认识具有缜密的思惟体系，须依此实践到达佛所在的佛国世界。义相的华严教法是以华严为根基，让百姓笃信佛陀的教导，并纳入

---

7 园测

（613－695），少年时期入唐求学，一生都在中国度过，至死都未能回国。由于精通梵语等六国语言，在唐时多次奉敕参加译经。公元645年当时玄奘从印度求法归来，创立法相宗，掀起研究唯识学风气。法相宗是以新唯识思想为中心的宗派，园测在玄奘门下精进，统合玄奘的唯识学和之前的唯识学，形成西明学派。

8 太贤

生卒年不详。初研究华严，后再专研唯识学。太贤的思想是以中国法相宗大师窥基的传统为基础，再贯通圆测学说所形成的。景德王时期（742－765）创立新罗法相宗。著有《成唯识论学记》、《梵网经古迹记》等四十三部，现仅存五部十四卷。

9 真表

（617－686），生卒年不详。在母岳山金山寺出家得度。日夜勤修，不惜身命修忏悔法，终获地藏菩萨加持授戒，弥勒菩萨授予简子。拿着弥勒菩萨给的简子，依《占察善恶业报经》开设占察法会，用掷简子占卜业报，劝戒民众忏悔修行。

阿弥陀和观音信仰，来广度信众。不过义相的华严义学，在新罗晚期因中国华严宗的正式传入而产生不同的支流。

新罗盛行的法相宗和华严宗，主要信仰者分布在王室和贵族阶层。除了两宗教理艰涩，一般民众难以理解之外，主要是因应宗团的发展，需要依靠来自王室和贵族财力护持的缘故。当时，新罗的法相宗和华严宗发展出的义学已达相当高水平，仅次于中国。然进入晚期随着各地方禅宗的方兴未艾，以贵族为中心的法相宗和华严宗，因政权的分裂，逐渐步入衰退之途。

禅宗的传入和发展

以禅定修行的法门，可说是韩国佛教最大特征。修禅最初是在公元821年，经由入唐僧道义[10]所带回。虽然早在这两世纪之前，法朗已传来禅法，但是真正开启禅宗法脉是在道义自唐归来之后。

继道义后，通过入华求法的洪陟（826年）、玄昱（837年）、惠哲（839年）、体澄（840年）、无染（845年）、梵日（846年）、道允（847年）等禅僧的相继返国，更加传扬光大。

禅宗在新罗，一开始因中央为法相宗和华严宗势力所掌控，只能分散各地弘法。也因此获得地方新兴豪族的支持，快速成长。此时僧人与信徒数百名各据山头修行，山门派别纷立。截至高丽时代为止，兴盛的山门和寺院道场，有体澄继承道义法脉开创的迦智山门（长兴宝林寺）、洪陟的实相山门

道义

10 道义

　生卒年不详。公元784年入唐，学习南宗禅法，821年回国。回国当时由于新罗贵族多崇尚华严教学，禅宗无法在庆州立足，故前往江原道陈田寺开山。后禅宗得到王室的护持，被尊奉为国师，弟子信众以长兴宝林寺为基地，形成迦智山门。

（南原实相寺）、惠哲（895－861）的桐里山门（谷城泰安寺）、玄昱弟子真镜审希（855－923）所建立的凤林山门（昌原凤林寺）、道允弟子澄晓折中（826－900）所建狮子山门（宁越兴宁寺）、梵日（810－894）开创的阇崛山门（江陵崛山寺）、无染开山的圣住山门（保宁圣住寺）、道宪（824－882）开创的曦阳山门（闻庆凤岩寺）和利严（870－939）所建的须弥山门（海州广照寺），号称为九山禅门。

在当时以教宗的法相宗和华严宗为主流的环境下，禅宗多方受到牵制，但仍逐步发展起来。如我们常所说的禅教两宗对立，重视义学的教宗批评禅宗，不解佛教真义。但是禅宗注重禅法，非忽视义理，只是将禅法置于义理之上，以禅法为优先。如无染所说"禅是用言语无法到达的觉悟境界，教是以言语教诲大众的教化世界"，主张禅法更胜于义学。

禅教两宗虽处于对立，但不可否认，新罗禅宗是在华严思想的基础上成长的。这是因为禅宗所标榜不依靠文字，以平常心觉悟的法门，与华严思想所说宇宙万物与我一体的实相境界的思想体系，最为接近和契合。可以说，是华严思想孕育了新罗禅宗的发展。

从另一方面来说，入唐求法的新罗僧侣回国后虽弘扬禅法，但在中国时大都修学华严，有华严学僧的背景。因此，后来所兴建的禅宗寺院，大部分都供奉华严宗教主毗卢遮那佛，这和中国禅宗道场不立佛像的门风，大相迳庭，可说是新罗禅宗的特色。

高丽时代佛教

高丽前期

新罗晚期佛教的发展，在中央有以贵族为中心的教宗（法相宗和华严宗），和地方豪族护持的禅宗。两宗对立的状态，如同是现实中贵族与豪族政治势力的对峙。十世纪随着由地方豪族建立后百济、后高句丽国之后，终于迎来三国分立的后三国时期。后百济开国君主甄萱与后高句丽开国君主弓裔，两人均借弥勒信仰拢络民心，特别是弓裔更自称是弥勒佛下生，可见当时弥勒信仰在民间广泛地受到崇拜。

但推翻弓裔政权被拥立为王，也就是后来高丽的建国君主王建，长久以来就得到禅宗的大力支持。在教宗方面，王建虽也得到帮助，但以华严宗来说，后来分裂成支持王建的一派和支持弓裔的一派。王建统一后三国分立的局势，建立高丽之后，将佛教作为治理国家的主流宗教。特别是在临终时遗诏"训要十条"给后代子孙，嘱咐铭记在心。十条遗言中交代每年必举行佛教的燃灯会和八关斋。

后历代国王每年召开燃灯会和八关斋，兴建为王室祈福安宁的寺院，称为愿刹，收容数百乃至两千名出家僧侣，遇有节庆，饭僧人数达万余名。光宗时期设僧科制度，分禅教两宗施行，大大提升僧人的地位。僧科及格的出家人授"大德"阶位，禅宗最高可晋升为大禅师；教宗可晋升为僧统。对于有大德行的高僧，延揽尊为国师或王师，接受国王摄政谘询。另并有国家管辖佛教事务的僧录司，管理僧籍以及任命寺院住持等。由于在僧录司任职的僧人多为通过僧科考试者，因此当时以僧科及第，进入僧录司成为官吏，是鲤耀龙门，飞黄腾达的途径。

高丽前期禅宗的发展基本上是继承九山禅门的法脉。九山禅门在思想上虽没有太大不同，但各有自己的家风。禅宗在新罗晚期主要是传马祖道一的洪州宗，高丽前期开始，自中国传来不同的禅宗法脉，此时曹洞宗、沩仰宗、法眼宗相继到来，兴盛一时。但最终除洪州宗这一法脉以外，均无法持续发展。

教宗在新罗晚期时曾面临衰退，进入高丽前期后重新扩展势力，华严宗因坦文和均如的弘法而复兴。坦文在高丽光宗时期（949－975）历任王师与国师，培育诸多后学，望重丛林。均如[11]参考中国的华严学，整顿义相的著述，完备义学组织。特别是均如在教宗受到禅宗的批评之下，仍然强调华严宗的优越，华严宗在诸位高僧的努力之下，得以恢复新罗时期的面貌。

法相宗的发展为继承新罗真表占察信仰一派的僧侣。法相宗在教界的活动始于穆宗时期（997－1009）为国王所兴建的愿刹崇教寺，以及显宗时期（1009－1031）为去世父母所建的玄化寺，两寺皆属法相宗寺院。后法相宗辈出王师与国师，当时显赫一时的仁州李氏家门，代代在法相宗出家，独揽教界大权。

另一方面，高丽时期契丹频繁侵扰，显宗元年（1010）契丹二度出兵高丽，显宗遂宣告开雕大藏经，欲以佛力守护国土安宁。从1011年开始到1029年，完成第一阶段的雕经，后1067年再启动雕经，终于在1087年完成所有经版。此经版称为《初雕大藏经》，被誉为是当代最高水平的大藏经经版。又文宗（1046－1083）的第四子义天[12]，幼年在华严宗剃度，北宋元丰八年（1085）渡海至杭州，学习天台教法，回国后开创天台宗。义天返回高丽时，自中国带回三千多卷经籍，加上购入宋、辽等佛教文献，整理编成《新编诸宗教藏总录》，并雕成经版，简称为《教藏》。可惜的是，《初雕大藏经》和《教藏》于1232年蒙古入侵时，在战火之中全部烧成灰烬。

武臣执政时期

1170年武臣发动兵变，高丽进入由武臣掌控政权的时代。此时文臣势力大为削弱，佛教界也受到波及，带来极大的变化。原来倚赖旧有开城王室贵族势力的佛教界，不得不与新的政权建立关系。虽然初期有数千名僧人不满

---

11 均如

（923－973），早年在华严宗出家，成为华严学大家。光宗极为倚重，在开京附近兴建归法寺，任命均如为主持。当时，华严宗分为北岳和南岳两派，均如致力于两派的融和。均如华严思想以义相的华严为基础，并吸收法藏的华严学，被评为具有独特性的思想体系。

12 义天

（1055－1101），为高丽文宗四子，以王子身份出家。初在华严宗出家，后位居教宗僧统的最高地位。入宋求法归来后，开创天台宗，主张教观兼修。也自宋、辽、倭等国收购经籍，编纂刊行《新编诸宗教藏总录》、《高丽诸宗教藏》。惜未能亲见完成，即入寂。朝廷追谥为大觉国师。

武人执政，集结对抗，但是随着被打压，逐渐也不得不屈服于现实。另一方面，武人政权也拉拢佛教势力，借以安抚民心。

佛教界在这样的处境之下，起而主张中兴革新的，便是由知讷主导的结社运动。普照知讷[13]属禅宗阇崛山门僧侣，但精通华严，造诣深厚。他深感当时佛教界的堕落，1190年与志同道合的道友在八公山居祖庵撰述《劝修定慧结社文》，组织修禅社，兼纳禅教两宗，称为定慧结社。后由于追随者众，1200年将定慧社移至较宽广的顺天曹溪山松广寺。1205年熙宗下赐修禅社匾额，结社受到国家的肯定。修禅社标榜禅教一致，定慧双修，因此得到禅教两宗的支持。随着修禅社声名鹊起，也得到当时武人政权执政者崔瑀的保护，并令其儿子在修禅社出家。修禅社在执政者的护持之下，至高丽末共辈出十六位国师。

高丽时代可堪与定慧结社齐名的是白莲结社。主导白莲结社的人物是天台宗僧侣了世[14]。了世先跟随知讷的定慧社修禅，后修忏精猛，终有所悟。1216年于万德山起造伽蓝，组织白莲结社。以天台宗法华信仰和弥陀净土信仰为基础，念佛禅修。了世每日课诵法华经一部、准提咒千遍、念阿弥陀佛一万声，如此勇猛精进的精神，从1237年起获得武人政权执政者的护持，至高丽末共辈出八位国师。

武臣执政时期因蒙古的侵犯，1232年将都城从开京移至江华岛，长期与蒙古军对抗。战争中原来保管在八公山符仁寺的《初雕大藏经》经版，不幸付之一炬。因此，为借佛力祈禳外敌，再度发起雕经。于江华岛设置总管刻

---

13 普照知讷

    （1158–1210），早年出家，二十五岁时僧科及格。但对当时佛教界极为失望，于是抛弃僧职，组织定慧结社。一开始在八公山修行，后移至曹溪山松广寺。标榜禅教一致，以顿悟渐修为根本原则，推崇看话禅为最高禅法，培育后学。圆寂后追谥为普照国师。

14 了世

    （1163–1245），在天台宗出家，二十三岁时考中僧科。但不满佛教界的堕落，抛弃僧职，云游四海名山。先跟随知讷的定慧社修禅，之后 1216年于万德山，依据法华忏法组织白莲结社。示寂后追谥为圆妙国师。

经的大藏都监，庆尚南道南海郡亦设分司都监。从1236年进行雕经到1251年完成大藏经版，存放于现海印寺藏经阁内，因是第二次雕造，称为《再雕大藏经》。经版总计八万余张，故又称《八万大藏经》。

高丽后期

1270年高丽向元称臣之后，都城从江华岛再迁回开京。佛教界也受到元崇尚的藏传佛教影响。国王从喇嘛僧授菩萨戒，也有高丽人入元出家为喇嘛僧。佛教美术方面也受到影响，例如由元朝工匠修造的敬天寺十层石塔，或自元传入法器佛具。也有少数修禅社和白莲社僧人，失去本分，为获得财源支持，竟阿谀逢迎元官吏。为振兴民族尊严与佛门道统，促使一然[15]开始编纂《三国遗事》。《三国遗事》自檀君神话起首，阐述韩民族神圣的性格，再以佛教为核心主题，叙述三国以来，朝鲜民族佛教的传说和逸文轶事。一然于迦智山门出家，曾为统合九山禅门，亲自召集九山门都会。

高丽末期随着元朝势力逐渐式微，此时传来临济宗的看话禅。特别是活动于苏州，临济宗杨岐派蒙山德异（1231－1308）的话头禅对高丽影响颇大。当时禅宗高僧混丘（1251－1322）与万恒（1259－1315）曾拜德异参究话头。回国后传授禅法，门徒云集。另外，印度僧指空（1235？－1363）自西域来中国，高丽忠肃王十三年（1326）至高丽，滞留三年，弘扬佛法，对高丽晚期佛教也带来莫大的影响。指空自称禅宗第一百零八代祖师，倡导空之思想，重视戒律仪轨。

高丽末领导佛教界的代表人物为太古普愚[16]和懒翁惠勤[17]。普愚出自迦智山门，参透无字话头后，1346年赴元，前去湖州求教临济宗大禅师石屋清珙（1272－1352），得到认可。两年后回到高丽，经恭愍王任命为国师，设圆

---

15 一然

（1206–1298），早年在禅宗迦智山门出家，二十二岁时僧科及第。高丽大藏经再雕时，曾前往南海所在的定林寺与修禅社门徒作实修交流。晚年编纂《三国遗事》，鼓吹民族意识。七十八岁时，被册封为国师，示寂后追谥为普觉国师。

融府，主导教界改革。惠勤于高丽忠穆王三年（1347）赴元大都，拜见指空受教。后在净慈寺又从平山处林禅师（1279－1361）指点得法。1358年回到高丽，游历各地，弘扬佛法，道化大行。1371年受封为王师，但后来受到崇尚性理学新兴的士大夫集团举劾，在流配途中圆寂于骊州神勒寺。

普愚和惠勤的看话禅法后来在朝鲜时代成为修行指针，从这一层面来看，具有重大意义。因为继承两人禅法的弟子，领导了朝鲜佛教的发展，形成以参禅为中心的佛教。

朝鲜时代的佛教

朝鲜前期

朝鲜王朝的开国，得力于崇尚性理学新兴的士大夫集团支持，这些儒士猛烈批判佛教的不是，因此改朝换代后，可说动摇到佛教界根本。朝鲜建国之初，将佛教制度或行事活动，加以废止或缩编规模，例如废置高丽所盛行最大规模的燃灯会、八关斋；将高丽末国家认可的十一个宗派合并成禅教两宗；寺院中役用奴婢十万余人，改派隶属国有管理，并没收寺院田地或加以

16 太古普愚

（1301–1382），十三岁在禅宗迦智山门出家，却精通华严，二十六岁时也通过教宗的华严僧科考试。后专心参研话头禅，1346年赴元，得到临济宗第十八代传人石屋清珙的认可。恭愍王五年（1356）时，尊为王师，1371年再册封为国师，谥号为园证。普愚在朝鲜后期时被推崇为太古法统法脉的宗祖。

17 懒翁惠勤

（1320–1376），二十岁在禅宗阇崛山门出家。1347年赴元，参见指空，受到开示，后游历诸山，从临济宗平山处林得法。经过十余年参学后回到高丽，教化大众。1371年恭愍王下赐普济法号，尊为王师。逝后谥号为禅觉。朝鲜后期有些僧侣，推崇惠勤为懒翁法统法脉的宗祖，但未被采纳。

懒翁惠勤

限制。可以说，崇尚儒教，处处抑制佛教的发展，彻底施行所谓的崇儒抑佛政策。

朝鲜初所行抑佛政策，引起僧人的抗辩控诉，甚至赴明朝告状诉愿。或如涵虚己和[18]撰述《显正论》破斥儒士的排佛，提出治国应是儒释一致的主张。虽然有这些佛教界僧人的抗争事件，却影响不了中央的抑佛政策。但是，对深耕长久，渗入民间的佛教信仰，执政者是无法完全拔除的。接受国家财源支助的佛教制度或仪式可以废置，但无法强制百姓信仰的意愿。加上许多两班官员虽是儒生出身，潜研四书五经，但夫人往往是信奉佛教。

朝鲜的各种抑佛政策，从开国初期施行至世宗时期（1418－1450），截至世宗晚年才告中断。世宗执政之初，以性理学作为治国的政治理念，打压佛教。但晚年时却积极护持佛教，布施佛教行事。接着，世祖（1455－1468）也奉行崇佛政策，设刊经都监，将汉文佛经译成训民正音（即朝鲜语文字），印刷出版，并修复全国各地寺院。但是世祖的崇佛，却招来儒士的反感，在世祖过世后，反而带来更激烈的抑佛政策。特别是成宗（1469－1494）和燕山君（1494－1506）执政时，对佛教的打击甚大。成宗严禁出家，不准兴建佛寺；燕山君废僧科，还将汉阳圆觉寺改建成淫乱作乐的场所，这些举措让佛教界与执权者的关系渐行渐远。

佛教再次获得朝廷的重视是在明宗时期。明宗（1545－1567）幼年登基，生母文定王后垂帘听政，由于文定王后笃信佛教，得到王后的支持，僧科得以复原。此时受到倚重的僧人为虚应普雨[19]，普雨通过僧科选拔优秀人

18 涵虚己和

（1376–1433），早年攻读儒学，二十一岁出家，入无学大师（1327–1405）门下听法。由于朝鲜王朝开国功臣的性理学儒者，多排斥佛教，涵虚己和撰述《显正论》，主张儒佛一致。儒佛一致的思想，后来被朝鲜时代僧侣奉为圭臬。

19 虚应普雨

（1509–1565），明宗文定大妃掌权时，任命普雨为判禅宗事都大禅师，担当振兴禅教两宗重责大任。对儒学者主张儒佛一致，对僧侣宣扬禅教一致，致力于儒佛调和及佛教统合志业。惜在文定大妃去世后，由于儒生的举劾，在济州岛圆寂。

才，其中有一位是后来在壬辰倭乱中肩负重任的清虚休静[20]。

1592年倭兵来犯，史称壬辰倭乱。清虚休静组织各地僧兵，为国家对抗倭兵，终于击退敌人，僧兵成为这场战役中的第一大功臣，受到全国敬佩。特别是休静弟子泗溟惟政[21]不但在战役中勇猛战斗，战争结束后更前往日本带回朝鲜俘虏。1636年清朝入侵的丙子胡乱事件，也是号召各地僧人对抗，对提高佛教地位，功劳甚大。可以说在文定王后死后，虽然朝廷再废僧科，施行抑佛政策，但由于明宗时期短暂的中兴佛教，为佛教日后的发展先打下了基础。

朝鲜后期

在壬辰倭乱和丙子胡乱战役中，僧兵英勇奋战的事迹，给朝廷两班官员带来重新认识佛教的契机。两班官员大多为儒生出身，长久以来，认为佛教主张无父无君，然僧兵的护国精神，改变了对佛教的偏见。

战争结束后，朝廷原有的抑佛政策渐渐松绑，如对僧人赋役，给与山城筑造或守卫的任务；令寺院造纸供应政府物资等。此时将僧人赋予良人身份，良人是介于两班和贱民之间的阶级。在这之前，本来僧人是不隶属任何阶级，不必参与国家劳役，但自朝鲜后期开始，僧人具有良人身份，须分担公众劳役。中央政策的改变，虽让佛教免于灭佛的命运，但使僧人的地位大

泗溟惟政

20 清虚休静

（1520–1604），得到芙蓉灵观的传法，应试僧科及格，获得僧职。但后来放下两宗判事职位，云游四处。壬辰倭乱发生时，宣祖任命休静为都摄，组织僧兵抵抗倭兵的侵略，立下大功。休静主张儒佛一致，以禅为中心，统合教学和念佛。其门下浮休善修一派信众，后来主导了朝鲜后期的佛教界。谥号为普济登阶。

21 泗溟惟政

（1544–1610），十八岁僧科及第，后投入休静门下，壬辰倭乱时任副摄摄，领导僧兵，勇猛战斗。战争结束后，对日本交涉谈判，在外交上取得重大成就。谥号为慈通弘济。

大下降，晚期时甚至有两班藐视僧人如贱民。

十七世纪是朝廷佛教政策的过渡期，国家虽赋予僧人良人身份，但仁祖时期（1623－1649）下令僧人不得进入都城；显宗时期（1659－1674）废位于都城内，比丘尼修行的仁寿院、慈寿院。进入十八世纪后，则不再有打压佛教的政策。佛教的活动范围也从京畿道一带移至南部地区，在南部地区最具代表的就是松广寺（全罗道顺天）、大兴寺（全罗道海南）、桐华寺（庆尚道大邱）这些佛寺。

松广寺是高丽时代普照知讷开创修禅社的道场。知讷之后，与休静同门的浮休善修[22]率弟子驻锡此地，门下法孙势力渐扩展至邻近的华严寺、双谿寺等。大兴寺和桐华寺则为清虚晚年弟子鞭羊彦机[23]驻锡之处，鞭羊彦机和其门下后来发展成鞭羊门派，成为全国最兴盛的山门。

朝鲜后期佛教发展的最重要成果，可说是制定僧团的履历过程。所谓履历过程，是指培训僧侣的僧伽教育。课程分沙弥科、四集科、四教科、大教科四个阶段，如同今日从小学到大学的教育制度。一旦出家，通过这样的僧伽教育体系，依各阶段学习成为出家人。从制度的施行来看，虽是标榜以禅宗为主流的佛教，但并不忽视对教义的学习，显现禅教兼修的性征。不仅如此，为在民间弘法，也大力倡导念佛信仰，可说是集禅、义学、念佛三者并修，即一般常说的三门修学。三门中的义学是指华严学，唯识学或天台学在朝鲜后期可说一蹶不振，不见踪影。

22 浮休善修

（1543－1615），善修如同休静一样，也是得到芙蓉灵观的传法。壬辰倭乱时，加入僧兵，英勇作战。战乱平定后，落脚在松广寺教诲门下信众。门下辈出诸多法孙，势力伸展至华严寺、双谿寺等大寺，与休静门徒携手合力，领导朝鲜后期的佛教界。谥号为弘觉登阶。

23 鞭羊彦机

（1581－1644），十二岁时出家，二十二岁进入休静门下受教。彦机主张朝鲜临济宗法脉，是从普愚到休静一脉相承的太古法统，此说也得到佛教界的认可。门下弟子遍及海南大兴寺等全国各地，门风非常兴盛，发展成鞭羊门派，朝鲜末期，在僧人中超过九成。

朝鲜后期华严学的中兴，起于1681年一艘中国商船漂流到全罗南道荏子岛事件。此商船原是要前往日本，不幸遇上台风，漂流至荏子岛，船上载有华严四祖澄观著述的《华严疏钞》。《华严疏钞》为澄观注解华严经的大作，高丽时代传入，但在朝鲜前期佚失。商船上的《华严疏钞》经由僧人柏庵性聪[24]发现，加以重刊发行，使得华严学一时兴盛。此时，研究华严学的学僧有默庵最讷[25]、莲潭有一[26]。

十八世纪的朝鲜社会相当流行结契，因此在佛寺也有各种契会组织。如甲契、念佛契、地藏契、七星契、佛粮契，其中又以甲契与念佛契最为兴盛。特别是十九世纪以乾凤寺为中心所组织的万日念佛契，对当时社会起了极大的影响。说明当时念佛深入民间，广受信仰。总之，十八世纪华严学的兴起，念佛法门的落实，巩固了佛教三门修学的方向。

但是随着华严学和念佛法门的受到倚重，给专修禅法的僧人带来危机意识。最具代表的人物是白坡亘璇[27]。白坡亘璇组织修禅社，倡导三种禅，主张看话禅为首要之务，优先于教学。白坡亘璇所倡三种禅，分为祖师禅、如来禅、义理禅。此三种禅论点也立即引起草衣意恂[28]的辩论。

---

24 柏庵性聪

（1631–1700），浮休门派下僧侣，于松广寺、澄光寺等地游历说法。1681年发现漂流到荏子岛的中国商船上面的佛书，加以重刊发行。对振兴朝鲜后期佛教，有极大贡献。因佛书的刊行，也促使僧伽教育的履历过程得以制定施行。

25 默庵最讷

（1717–1790），属浮休门下僧侣，主要驻锡在松广寺说法。曾立柏庵性聪僧碑，致力弘扬浮休门派学说。曾撰述《心性论》，与莲潭有一就心性说展开激烈的辩论。但《心性论》在激辩过程中焚毁，现已无存。

26 莲潭有一

（1720–1799），早年学习儒学，十九岁出家。主要在大兴寺弘化大众。所著《莲潭私记》，对僧团履历科目解说详尽，被讲院讲师奉为重要指针。就教理和最讷展开辩论，门下辈出众多学僧人物。

27 白坡亘璇

（1767–1852），十二岁出家，主要活跃在高敞禅云寺。1822年组织修禅结社，撰写《禅门手镜》，标榜祖师禅的优越性，将其立于第一。同时精通华严学，从秋史金正喜得到华严宗主称号。

草衣意恂主张两种禅，认为禅不分次等。从法来说，有格外禅和义理禅，就人来说，有祖师禅和如来禅。对禅的分别，只是方便法门，非其根本实质。意恂与亘璇之间的争辩，也让著名的书画家金正喜加入讨论，引起了儒学家对佛学的高度关心。各家就禅的观点辩论，从十九世纪初开始持续至二十世纪，为佛教界带来蓬勃朝气。

近代佛教

一般论及韩国的近代，是从1876年缔结江华岛条约开始，实际上近代化是始于1894年中央甲午改革的施行。甲午改革次年，即1895年，宣布废除僧人进入都城的禁令。此命令的解除，事实上等于是宣告自朝鲜时代以来所施行的抑佛政策终告结束，具有重大意义。

但在颁下废止令的过程中，日本僧侣扮演了关键角色。原来朝廷是在接受日僧佐野前励的建言之下，才决定废除此令。因日僧向朝廷请求，允许僧人进入都城，韩国僧人一时未能察觉到背后日本侵略韩国的野心，因此有不少僧人迎合日本，积极拥护日本佛教的传入。

1897年大韩帝国成立，设置寺社管理署和僧政制度。朝鲜后期以来，管理佛教的官署虽已经废除，事实上是死灰复燃。然而因政局混乱不稳，未能发挥功能，随后亦遭废除。部分僧人积极接纳日本佛教，1906年成立佛教研究会，设置明进学校等，试图通过近代教育进行改革。

1910年韩日合邦，亲日派僧侣李晦光为借日本的力量振兴韩国佛教，与

---

28 草衣意恂

（1786–1866），十五岁时出家，一生几乎都在大兴寺度过。从茶山丁若镛习得儒学，与秋史金正喜等名士交游，以诗文会友，切磋琢磨。针对白坡亘璇撰述《禅门手镜》，主张三种禅的观点，意恂撰写《禅门四辨漫语》反驳。两人之间的辩论，在门下弟子之间，延续了近百年。

日本曹洞宗签订《联合盟约七条》。此举引发各界哗然，强烈反弹。特别是年轻的僧侣认为国家已沦为日本殖民地，岂可连传统佛教文化也丧失殆尽。以朴汉永、韩龙云等为首，属镜虚禅师弟子一派的佛教界人物，为守护传统禅风，对抗亲日的朝鲜圆宗，另起炉灶，创立临济宗，欲振兴自十九世纪后半以来，镜虚所传韩国看话禅的传统法脉。

但是在日帝命令之下，圆宗和临济宗均遭解散。后日本制订寺刹令，将韩国佛教宗团名称改叫"朝鲜佛教禅教两宗"，进行管理。又以三十本寺组织，控制佛寺运作，使本寺住持大都支持日本佛教政策，并以本寺住持会议作为行政最高决策单位。后来，经由韩龙云、白龙城等发起，组织朝鲜佛教会，对抗日帝的佛教政策，争取韩国佛教独立的自主性。

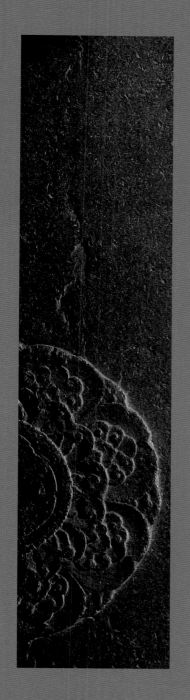

韩国佛教宗团协议会

　　在韩国佛教是信仰人数最多的传统宗教，为了维持增进各宗团之间的合作、共同协议促进佛教界的各种议案、振兴发展佛教、传承民族文化、结合奉献佛教界力量，在1967年5月由李青潭（曹溪宗）、朴大轮（太古宗）、金云雲（法华宗）、金慧空（真觉宗）、李泓宣（观音宗）等各宗团代表，和国内佛教界人士七十五名，齐聚一堂，为佛教界的团结和谐，以及实践佛教护国的使命，发起了大韩佛教总联合会。两年后，1969年3月由十二个宗团代表发起，两百多人与会，正式创立大韩佛教总联合会。

　　1973年10月，十九个宗团代表和领导三百多人集会，将韩国佛教总联合会和韩日佛教亲善协会合并，组成韩国佛教会。扩大组织以后，1974年改称为大韩佛教总联合会。之后，1980年11月名称改成韩国佛教宗团联合会，1989年改成目前的社团法人韩国佛教宗团协议会。从最初十二个宗团开始，发展迄至2017年为止，韩国佛教宗团协议会总共有二十九个宗团参加，继承弘扬韩国一千七百多年佛教的历史和传统，并肩负向世界弘扬韩国佛教的任务。

韩国的佛教

©韩国佛教宗团协议会，2017

版次	2017年8月31日第一次印刷
编制	韩国佛教宗团协议会
	大韩民国首尔特别市钟路区邮政局路45–19三楼
	Tel：＋82–2–732–4885　　Fax：＋82–2–737–4885–7872
出版	佛光出版社
	大韩民国首尔特别市钟路区邮政局路45–13 三楼
	Tel：＋82–2–420–3200　　Fax：＋82–2–420–4885–3400
作者	法光
	前大韩佛教曹溪宗禅云寺僧伽大学校长
	金应喆
	中央僧伽大学布教社会学系教授
	高明锡
	大韩佛教曹溪宗布教院布教研究室宗务官
	金儒信
	佛教活动企划
	睦璟灿
	佛光寺佛光教育院专任讲师
	李钟寿
	东国大学历史学系讲师
翻译	陈明华
	弘益大学助教授
审定	杨秀芝
摄影	河志权　佛光出版社摄影家

ISBN 978-89-7479-366-1 (03220)

이 도서의 국립중앙도서관 출판예정도서목록(CIP) 은
서지정보유통지원시스템 홈페이지(http://seoji.nl.go.kr)와
국가자료공동목록시스템(http://www.nl.go.kr/kolisnet)에서
이용하실 수 있습니다. (CIP제어번호: CIP2017020690)